କେନ୍ଦ୍ର ସାହିତ୍ୟ ଏକାଡ଼େମୀ ପୁରସ୍କାର ପ୍ରାପ୍ତ କବି

ଫନୀ ମହାଂତି

କେବଳ ପ୍ରେମରେ

ଫନୀ ମହାଂତି

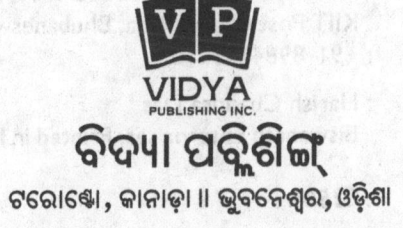

VP
VIDYA
PUBLISHING INC.

ବିଦ୍ୟା ପବ୍ଲିଶିଙ୍ଗ୍

ଟରୋଣ୍ଟୋ, କାନାଡ଼ା ।। ଭୁବନେଶ୍ୱର, ଓଡ଼ିଶା

କେବଳ ପ୍ରେମରେ

ଲେଖକ : ଫନୀ ମହାନ୍ତି
ପ୍ରକାଶକ : ଡ. ତନ୍ମୟ ପଣ୍ଡା, ଡ. ସୁନନ୍ଦା ମିଶ୍ର ପଣ୍ଡା
ବିଦ୍ୟା ପବ୍ଲିଶିଙ୍ଗ୍ ଇଙ୍କ୍, ଟରୋଣ୍ଟୋ, କାନାଡ଼ା

ପ୍ରଥମ ସଂସ୍କରଣ : ଜୁନ୍, ୨୦୨୫

KEBALA PREMARE
by Phani Mohanty

ISBN : 978-1-998475-80-3

First Edition : June, 2025

Published by : Dr. Tanmay Panda & Dr. Sunanda Mishra Panda
Vidya Publishing Inc.,
Toronto, Canada || Bhubaneswar, Odisha
Website : www.vidyapublishing.com
Email : vidyapublishinginc@gmail.com
Cell : +1 6478389884

Odisha Contact : Nirmalya Garden, Plot 516/1719, House 10,
KIIT Post Office, Patia, Bhubaneswar - 751024
Cell : +91 8984131810

Cover Design : Harish Chandra Das
Biswanath Enterprises, Printed in India

Price : **₹250/-**

କେବଳ ପ୍ରେମରେ

.............ତୁମକୁ, ତୁମ ପାଇଁ ।

ପ୍ରାକ୍‌ଭାଷ

ପ୍ରେମ ଓ ପ୍ରଣୟର
ବିରହ ଓ ବିଷାଦର
ରସ ଓ ରୂପର
ରଂଗ ଓ ତୂଳୀର
ତାଳ ଓ ଲୟର
ରାଗ ଓ ରାଗିଣୀର
ଶବ୍ଦ ଓ ଧ୍ୱନିର
ଅବିକଳ ପ୍ରତିରୂପ
କେବଳ ପ୍ରେମରେ
ଜଣାଅଜଣା ସତୀର୍ଥମାନେ ଶ୍ରଦ୍ଧାରେ
ଗଢ଼ିଥିବା ଏହି ବିରଳ ମାଳାଟିକୁ
ଆଦରରେ ଆପଣାର କରି ପାରିଲେ
କୃତଗ୍ୟଂ ରହିବି ।

ଫନୀ ମହାଂତି

ସୂଚୀପତ୍ର

ଅହଲ୍ୟା

କାହାର ମୃଦୁ କୋମଳ ସ୍ପର୍ଶରେ
ନିଦ ମୋର ଅଚାନକ ଭାଂଗିଗଲା,
ପତ୍ରରେ ଫୁଲରେ
ଜୁଇ ନିଆଁରେ, ଯୂପ
କାଠରେ, ଭସା ବାଦଲର
ଝରଝର ଧାରାରେ
ଅବାରିତ ଅମୃତ ବର୍ଷିଲା ॥

ହେ ମୋର ଜନ୍ମଜନ୍ମର ଚିର
ପରିଚିତ !
ମଧୁର ମଧୁର ଗଂଧ ହୋଇ
ମଧୁର ମଧୁର ସୁର ହୋଇ
ମଧୁର ମଧୁର ଛଂଦ ହୋଇ
ତୁମେ ଆସ,
ମତେ ନିଃସଂଶୟ
କର, ଉଚ୍ଚାଟ କର
ପୁଲକିତ କର, ମୁଗ୍ଧ-ଚକିତ
କର ଦିବ୍ୟ ରସଘନ ରସରେ ॥

ଆକାଶ ମଂଥନ କରି ଉଜ୍ଜ୍ୱଳ
ନିର୍ମେଘ ରଥରେ ତୁମେ ଆସ
ପରିତ୍ୟକ୍ତ ଶୂନ୍ୟ ଅଂଗନକୁ,

୭ କେବଳ ପ୍ରେମରେ

ଫଂଚୁବର୍ଣ୍ଣ ଫୁଲର ମୃଣ୍ମୟ
ମାଳାଟିଏ ହୋଇ ତୁମେ ଆସ
ନକ୍ଷତ୍ରଭରା ରାତିର ନିର୍ଜନ ଦ୍ୱୀପକୁ
ତୁମେ ଆସ,
ପ୍ରେମ ଓ କରୁଣାର
ଶୁଭ୍ର ଶତଦଳ ହୋଇ ମୋର ଅନସ୍ୱୀକୃତ
ଜୀବନର ଜରାଜୀର୍ଣ୍ଣ ଉଆସକୁ ॥

ତୁମ ଅରୁଣ ରଂଗର ନରମ
ପାଦରେ ଛମ୍‌ଛମ୍ ହୀରାର ନୂପୁର,
ଝରା ମାଳତିର ବିରହ ଗାଥାରେ
ଗହନ ଗୀତର ସୁର,
ଛିନ୍ନ ମେଘର ରୁଗ୍‌ଣ ଡେଣାରେ
କ୍ଷମା ଓ କରୁଣାର ରୂପେଲୀ
ପଣତ, ହେ ମୋର ସ୍ୱପ୍ନର ଚିର ପରିଚିତ ।
ଦ୍ୟୁ-ଲୋକେ, ଭୂ-ଲୋକେ, ଭବ-ଲୋକେ
ତୁମରି କୋମଳ କଂଠର
ରାଗିଣୀ କ୍ଷଣକ୍ଷଣ ଅନୁରଣିତ ॥

ଧାରା ଶ୍ରାବଣର ବର୍ଷଣ
ମୁଖର ଘନକୃଷ୍ଣ ରଥରେ,
ଶିଶିରସ୍ନାତ ଢଳଢ଼ଳ ସ୍ୱଚ୍ଛ
ସକାଳରେ, ବିରହ ମିଳନର ଘଂଚ
ମାଧବୀ କୁଂଜରେ, ଦକ୍ଷିଣୀ ପବନର
ମୃଦୁମଂଦ ପାଗଳ ହାୱାରେ
ଭାସିଭାସି ତୁମେ ଆସ, ସ୍ପର୍ଶ
କର, ଆଘ୍ରାଣ କର, ଅପବିତ୍ର
ଅଂଗକୁ, ଅଂଗନକୁ,
ସୂକ୍ଷ୍ମ ସତ୍ତାର ପ୍ରତିଟି ଅଣୁକୁ, ପ୍ରତି

ଚେତନାକୁ, ବୈଦିକ ମଂତ୍ରରେ
ସମ୍ମୋହିତ କର ମୋର ବିକ୍ଷୁବ୍ଧ
ଅଶାଂତ ଆତ୍ମାକୁ ॥

ନିବିଡ଼ ମେଘର ଚୂର୍ଣ୍ଣ କୁଂତଳରେ
ଅଳସ ବର୍ଷାର ଧାରା,
ସଂଧ୍ୟାବନରେ ଅରୁଣ ରଂଗର
ଝିକିମିକି ରୂପା ତାରା,
କାମନା ବୀଣାରେ ନୀଳ ସାଗରର
ମଳିନ ଅହଂକାର,
ଅଂଗ ଅଂଗରେ ଗଂଧବହର
ବ୍ୟାକୁଳ ଗୀତର ସୁର ॥

ଅନେକ ଦୂରରେ, ଅଧା
ଛାଇ ଅଧା ଆଲୁଅରେ ତୁମ
ଶ୍ୟାମଳ ପ୍ରେମର ଅବୁଝା ବଂଶୀ
ଅଳସ ଛଂଦରେ
ବେଖାପ ଗୀତର
ମୂର୍ଚ୍ଛନା ତୋଳୁଛି, ତୁମରି ନିରବ
ବାଣୀ ଅଭୟ ମୁଦ୍ରାରେ ଅନୁରଣିତ
ହୋଇ ମୋର ସର୍ବାଂଗ ଦହୁଛି,
ତୁମ କୋମଳ ପ୍ରେମର ପଣତ
ସାରା ଆକାଶରେ ବ୍ୟାପ୍ତ,
ସ୍ୱପ୍ନ ଓ ସ୍ମୃତିର
ହେ ଶ୍ୟାମଳ ରତଧାମା,
ହେ ଅକ୍ଷମ ରୁଦ୍ର, ଅଲଂଘ୍ୟ
ନିୟତି, ତୁମ ମହିମାରେ
ମୁଁ ଯେ ମହିମାନ୍ୱିତ ॥

ଦୁଇ ନୀଳ ଆଖି

ଆଖିରେ ଆଖିଏ
କଥା, ଦୁଇ ନୀଳ ଆଖି ତୁମ
କଥାର ସାଗର,
ଦୁଇ ଆଖି ପଲକପାତରେ
ମୁଠାଏ ଆୟୁଷ
ସରେ ମର ଜୀବନର ।

ତୁମ ଆଖି ମଦିରାରେ
ସତ୍ତା ମୋର ଲୋପପାଏ
ମୁଁ ମସ୍ତ, ବିଭୋର
ତୁମ ଆଖି ଘୂର୍ଣ୍ଣିବଳୟରେ
ଘାଇଲା ବୃଷଭ
ଭଳି ଆଦିମ ଆକାଶ
ଦିଶେ ନାରଖାର ।

ଆଦିମ ଆକାଶେ
ଡେଣା ଝାଡ଼େ ପ୍ରୀତିର
ଇଗଲ, ନିବିଡ଼ ନୀରବ
ରାତି, ତୁମ ଦୁଇ ବଂଦ
ଆଖି ଆପେଆପେ
ଖୋଲିଯାଏ ପାହୁ ନ
ପାହୁଣୁ ଘନ କଳା
ଭଅଁରର ରାତି ।

ଆଖିରେ ଆଖିଏ
କଥା, ତୁମେ ପୁଣି କଥା
ହୁଅ, କଥା ନ ହୋଇବି
କେତେ କଥା କୁହ,

କେତେବେଳେ ଧ୍ୟାନସ୍ଥ
ତପସ୍ୱୀ ପରି ମୌନ
ରହ ତ କେତେବେଳେ
ପ୍ରଗଲ୍‌ଭା ନଦୀ ଭଳି ଉଛୁଳି ଯାଅ ।

ଧାରା ଶ୍ରାବଣର ସୁପାତି
ଶେଯରେ ଅଳସ ଛଂଦରେ
ଶୋଇ ଅପୂର୍ବ ରାଗିଣୀ
ତୋଳ, ଶିରାରେ ପ୍ରଶିରାରେ,
ମୈଥୁନରେ ନିର୍ବାଣରେ,
ରକ୍ତମାଂସର ମୂର୍ତ୍ତି
ଗଢ଼, ଅସରଂତି ଗପର
ଭିଡ଼ ଜମାଅ, ଖର ନିଃଶ୍ୱାସରେ
ମନ ଦେହ, ପଂଚଭୂତ
ଭରି ଦେଇ ନିବିଡ଼ ଆଶ୍ଳେଷେ
ଚୁମାଟିଏ ଦିଅ ।

ତୁମ ଦୁଇ ନୀଳ
ଆଖି, କଥାର ସାଗର
ନୀଳ ଆଖି ପଲକ ପାତରେ
ମୁଠାଏ ଆୟୁଷ ସରେ
ରହୁଁରହୁଁ ମର ଜୀବନର ॥

ବୁଝାମଣା

ଚିର ପରିଚିତ ଆମ
ସ୍ମୃତିର ସହର ଯେଉଁଠି
ତମେ ଅଛ, ମୁଁ ଅଛି
ତିନୋଟି ଦଶକ ଧରି
କ୍ରମାଗତଭାବେ
ଅଥଚ, କେହି କାହାକୁ
ଭେଟୁ ନାହେଁ, ଅଦୃଶ୍ୟ
ପୋଷାକ ପିଂଧି ଘୂରୁ
ଅଛେ ଅତୃପ୍ତ ଆତ୍ମା ପରି
ପବନର ଶାଖା ପ୍ରଶାଖାରେ,

ଯେମିତି ବନାଟି ଖେଳରେ
ଚକ୍ରାକାରେ ଘୂରୁଥାଏ ନିଆଁହୁଳା
ଲକ୍ଷ୍ୟହୀନଭାବେ
ଯେମିତି ଖଂଡ଼ିଆଭୂତ ସାଇଁସାଇଁ
ଘୂରୁଥାଏ ଡହଡ଼ହ
ସୂର୍ଯ୍ୟାଲୋକେ ନିଶୂନ୍ ପୀଠାରେ,

ଚିରପରିଚିତ ଆମ
ସ୍ମୃତିର ସହର, ଯେଉଁଠି
ଆମେ ଦୁହେଁ ରହିଅଛେ
ବର୍ଷବର୍ଷ କାଳ ଅଦୃଶ୍ୟ
ନକ୍ଷତ୍ର ଭଳି ନିଜ ଅଜଣାତେ

ଯେମିତି ଧୂର୍ତ୍ତ, ବେହିସାବୀ
ପବନ ସୁ ସୁ ଶବ୍ଦ କରି
ବହୁଥାଏ କେଉଁ ନଥିବା ନକ୍ଷତ୍ରେ,
ଯେମିତି ତମ ମାନଅଭିମାନ
ମିଂଜିମିଂଜି ଦୀପଶିଖା
ପରି ଜଳୁଥାଏ ଦୁଷ୍ଟ ପବନରେ
ମ୍ଳାନ ଚଂଦ୍ରାଲୋକେ ॥

ପ୍ରତୀକ୍ଷା

ତମେ ଦୂର ଦିଗଂତର ମୌନ
ଆକାଶ, ସଂଭୋଗ ରତୁର କାୟା
ତମେ ଆକାଶଲୋକର ପ୍ରଣୟ
ପୁଷ୍ପ ମଶାଣି ଜୁଇର ଛାୟା

ତମେ ନୀଳ ଆକାଶର ରୂପେଲୀ
ଜହ୍ନ କାମନା ବୀଣାର ତାର
ତମେ ସପନ ଶେଯର ମୃଣ୍ମୟ
ଛବି, ସ୍ନେହ ମମତାର ଧାର ।

ନିର୍ମୋହ ଶ୍ରାବଣେ
ଅଳସ ଛଂଦେ
ଧୀରେଧୀରେ ଆସ ପ୍ରଣୟର
ଗୀତ ଗାଇ, ମଦନ ବାଣରେ ଘନ
ଘନ ଘନ ଜଳିଯାଉଛି ଏ' ମହୀ ।

ତମେ ପାଖେ ଥିଲେ ସବୁ କିଛି
ଅଛି ମଧୁଗଂଧେ ଭରା ରଜନୀ,
ତମେ ନଥିଲେ ତ ସବୁ ଖାଲିଖାଲି
ବେଖାପ ବେସୁରା ଧରଣୀ ।

ମମତାମୟୀ ଗୋ ଆସ,
ହାତେ ହାତ ଛଂଦି
ଭୁଜେ ଭୁଜ ଭିଡ଼ି ମାଳତୀ
କୁଂଜେ ସଜେଇବା ନୂଆ ରାସ ॥

ବ୍ୟର୍ଥ ପ୍ରୟାସ

ଏମିତି ନାରୀଟେ ଲୋଡ଼ା
ଯା'ର ଅରୁଣ ରଂଗର ପାଦରେ
ସୁନାର ଘୁଂଗୁର ଛମ୍‌ଛମ୍
କରୁଥିବ ମଂଦ ପବନରେ,

ଏମିତି ନାରୀଟେ ଲୋଡ଼ା
ଯାର ଦେହ ବଲ୍ଲରୀରେ କାମନା
ଗଛର ଫୁଲ ଫୁଟି ଝଡୁଥିବ
ବାରଣ ବନରେ,

ଏମିତି ନାରୀଟେ ଲୋଡ଼ା
ଯାର ସୁରରେ ତାଳରେ ମଲ୍ଲାର
ରାଗର ଧ୍ୱନି ଉଠୁଥିବ
ତମାଳ ବନରେ,

ନାରୀହୀନ ପୃଥିବୀର
ଧୂସର ମାଟିରେ
ଛଟପଟ ହେଉଥିବା ମାଛ
ପରି କବିର ଜୀବନ,
ବିଷାଦର ଚୌଦୋଳାରେ
ମରଣର ଜୁଇ ନିଆଁରେ
ନାରୀର କୋମଳ ମଧୁର
ସ୍ପର୍ଶ ଅମୃତ ସମାନ,

ପ୍ରତିଟି କବିର ଏମିତି ନାରୀଟେ
ଲୋଡ଼ା ଯିଏ ଚେତନାର ଚୌହଦୀରେ
ନୀଳବିଷ ପରି ପ୍ରତିକ୍ଷଣ ଚରି ଯାଉଥିବ,
ମାଟିଘଟ ଶରୀରର ପ୍ରତିଟି ବିନ୍ଦୁରେ
ଗାଢ଼କଳା ଛାଇପରି ଜଡ଼ି ରହିଥିବ ।

ଏମିତି ନାରୀଟେ
ଲୋଡ଼ା ଏଇ ଜୀବନରେ ॥

ଋତଂବରା

ଦୁଃସହ ଦୁଃଖର ବସ୍ତୀରେ
ମୋର ଭଂଗା ନୀଡ଼, ଦଶଦିଶେ
ଘମାଘୋଟ ଅଂଧକାର, ବେଦନାର
ଦଂତୁରିତ ବରଫ ପାହାଡ଼,
ଘନକଳା ମେଘ କୋଳେ ମାଛ
ପରି ପଛପଟ ଅଚଳା ବିଜୁଳି,
ଆକାଶେ ନୀରଦମାଳା, ନିଃଶ୍ୱାସରେ
ଅସରଂତି ବିରହ କାକଳି ।

ଫିଟିଲା କବରୀ ଭାର, ଲୋଟୁଛି
ତୋ' ମୁକୁଳା କୁଂତଳ, ନୀଳାଭ
ଲୋହିତ ବେଶ, ଦକ୍ଷିଣା ପବନେ
ଭାସି ଆସେ ଶ୍ୟାମ ବଂଶୀ ସ୍ୱନ,
ଶ୍ୟାମ ଅପବାଦେ ଭୀତତ୍ରସ୍ତ
ତନୁ ମନ ବିଷମ ବିକାରଗ୍ରସ୍ତ
ନିଷ୍ପାପ ଜୀବନ,
ଅପୂର୍ବ ଲାବଣ୍ୟମୟୀ ରୂପ ତୋର
ମହୁର୍ମୁହୁଃ କରୁଛି ଉଚ୍ଛନ୍ନ ।

ସଂଭୋଗରେ ପ୍ରଗ୍ୟାଂପାରମିତା : ନାରୀ
ଅଲୌକିକ ପ୍ରକାଶର ଝଲକ : ନାରୀ
ସାଧନ-ସଂଗିନୀର ଉଦାତ୍ତ ଆହ୍ୱାନ : ନାରୀ
ନାରୀମୟ ରଂଗିନ ପୃଥିବୀରେ ନାରୀ

ହିଁ ନାରୀ, ନାରୀ ଦେବୀ, ଭୈରବୀ,
ବିପୁଳା ଅଚଳା ନାରୀ
ବିଚକ୍ଷଣା ନାରୀ
ସର୍ବଂସହା ଧରିତ୍ରୀ, ନାରୀ
ସର୍ଜନାର ନାଦବିନ୍ଦୁ, ନାରୀ
ଆଦ୍ୟ ଓ ଅଂତିମ ଅକ୍ଷର, ନାରୀ
ପ୍ରଳୟର ଝଂକାର, ନାରୀ,
ନାରୀ ହିଁ ମଂତ୍ର, ମଂଡ଼ଳ ଓ ମୁଦ୍ରା
ନାରୀ ପ୍ରେମମୟୀ, କରୁଣାମୟୀ, ମମତାମୟୀ ନାରୀ ।

ଅପୂର୍ବ ମୋହିନୀମୟୀ ରୂପ ତାର
ତା' ପାଦରେ ଝମ୍‌ଝମ୍ ପ୍ରେମର
ନୂପୁର, ତା' ଦେହ ତ ବୃନ୍ଦାବନ
ଅପଘନେ ଅପଘନ କ୍ଳାନ୍ତ ତନୁ ମନ,
ଏ ମଂଦ ପବନେ
ଛାରଖାର ହେବ ନିଶ୍ଚେ କୁଂଜବନ ।

ପ୍ରତି ଅକ୍ଷରରେ ରୂପାୟିତା ରୂପମୟୀ
ମଧୁର ମଧୁର ପ୍ରେମ,
କରଂଜ ଫୁଲଶେଯରେ ଅଶନ
ତୋ' ଆଭୂଷଣ, ଅନଂବର ଦେହ,
ଅନୁପମାମୟୀ ରତଂବରା ମୋର,
ଶ୍ୟାମ ଅପବାଦେ କ୍ଷଣକ୍ଷଣ
ଦହୁଅଛି ଘନଘୋର ବିଷମ ପବନ ॥

ଏଥର ସମୟ ଆସିଛି

ଏଥର ସମୟ ଆସିଛି
ତୁମଠୁ ବିଦାୟ ନେବାର,
ଅଂତିମ ଚୁମାଟି ପାଇଁ ତୁମ
ପାଖେ ଅଳି କରିବାର,

ଏଥର ସମୟ ଆସିଛି
ମାୟାର ବଂଧନ କାଟି
ଦିଗହରା ପକ୍ଷୀ ପରି
ନିଷ୍ଠୁର ଏପ୍ରିଲ୍‌ର
ନିଥର ଆକାଶେ ଚୁପ୍‌ଚାପ୍
ନିଶ୍ଚିହ୍ନ ହେବାର,

ଏଥର ସମୟ ଆସିଛି
ହୃଦୟର ଚଂଦନ ବନରେ
ବହୁ ବର୍ଷ ତଳେ
ରୋପିଥିବା ସ୍ମୃତିର ଚାରାକୁ
ଦଳି ମକ୍‌ଚି ନିର୍ବିବାଦେ
ନଷ୍ଟ କରିବାର,
ନାମହୀନ ନିରୋଳ ବେଳାରେ
କାହାକୁ କିଛି ନ କହି
ମାୟାମେଘ ପରି ଅଗୋଚରେ
ଅଦୃଶ୍ୟ ହେବାର,

ତୁମଠୁ ବିଦାୟ ନେବାର
ବେଳେ ତୁମେ ଭୋଅର
ଆକାଶର ରଂଗିନ ଚଢ଼େଇ
ଭଳି କ'ଣ ପାଇଁ ଆଉ ମୁହଁ
ଦେଖାଉଛ, କିଚିରିମିଚିରି
ଶବ୍ଦରେ ଅର୍ଥହୀନ ଗୀତ ଗାଇ
ଅକାରଣେ ମନ ମୋ' ଦହୁଛ,

ଆମ ପ୍ରେମ
ଝରି ପଡୁଥିବା ବିଂଦୁଏ ସଜଳ
ଲୁହର ଧାର ଯାହା ମର
ଜଗତର ଚିର ଲୋଭନୀୟ,
ଅକଳ୍ପିତ ପ୍ରେମନଗରୀରେ
ମୁଁ ଯେମିତି ପାଲଟିଛି
ଲଂପଟ ନାଗର,

ଅମାନିଆଁ ନିଆଁଲଗା
ପବନରେ କାଗଜର ଗୁଡ଼ି ପରି
ଉଡ଼ିଉଡ଼ି ବୁଲୁଛି ମୁଁ ଫୁଲରୁ
ଫୁଲକୁ, ମାଟିରୁ ଆକାଶ
ଓ ଆକାଶରୁ ଅନ୍ୟ ଆକାଶକୁ,
ସ୍ୱପ୍ନରୁ ସ୍ୱପ୍ନଲୋକକୁ ଏବଂ
ଅଂତିମ ଚୁମାଟି ପାଇଁ ତମ
ପାଖେ ଅଳି କଲାବେଳେ
ତମେ ପାଲଟିଛ ସାକ୍ଷାତ୍ ମୁର୍ଦ୍ଦାର,

ଏଥର ସମୟ ଆସିଛି
ହସିହସି ତୁମଠାରୁ ହସିହସି ବିଦାୟ ନେବାର ॥

ଯାହା ନେବାର କଥା, ନିଅ

ଯାହା ନେବାର କଥା ନିଅ
କୌଣସି ସର୍ତ୍ତ ନ ରଖ ।

ଈର୍ଷାର ଟ୍ୟୁବ୍‌ରେ ମୋର
ଶିରା ଓ ପ୍ରଶିରା କାଟି ବୋତଲ
ଭର୍ତ୍ତି ନୀଳ ରକ୍ତ ନିଅ,
ମୋ ରକ୍ତରେ ତୁମ ଆଲୁଳାୟିତ
କେଶର ଅରଣ୍ୟକୁ ରକ୍ତସ୍ନାତ କର ।

ଝଡ଼ବର୍ଷାରେ ନଇଁପଡ଼ିଥିବା
ଶ୍ୟାମଳ ମାଂସପେଶୀରୁ କପଟୀ
ଇଂଦ୍ର ଭଳି ପଲପଲ ମାଂସ କାଟି
ନିଅ, ମନ ଖୁସିର ମହୋତ୍ସବ କର ।

ଦଧିଚୀର ଅସ୍ଥି ପରି ଜୀର୍ଣ୍ଣ
ହାଡ଼ ଓ ଗଂଠିରେ ଶାଣିତ
ଅସ୍ତ୍ର ବନାଅ,
ଭୟ ଓ ଧ୍ୱଂସର ବିଭୀଷିକା ପାଇଁ,

ମୋର ହାଲୁକା ନିଃଶ୍ୱାସ ପ୍ରଶ୍ୱାସ
ତୁମ କୋମଳ ବଂଶୀରେ
ଭୈରବୀ ରାଗର
ଝଂକାର ତୋଳୁ,

ମୋର ନହନହକା କଂକାଳ
ତୁମ ସ୍ୱାର୍ଥ-ଯଜ୍ଞଂର
ଯୂପକାଠ ହେଉ, ମେଦ ଓ
ମଜ୍ଜାରେ ପ୍ରତିଶୋଧର ଦିହୁଡ଼ି
ଜଳାଅ, ପରାଜୟରେ ବିଜୟର
ଶଂଖନାଦ କର,
ଯାହା ନେବାର କଥା ନିଅ
କୌଣସି ସର୍ତ୍ତ ନ ରଖ ।

ମୋର ଉଦ୍ଦଂଡ଼ ଅହଂକାରର
ସୁରମ୍ୟ ହର୍ମ୍ୟ
ତୁମ କୂଟକପଟର
କ୍ଷେପଣାସ୍ତ୍ରରେ ଭାଂଗିରୁଜି ଯାଉ,
ବିଶ୍ୱାସ ଓ ଆତ୍ମ-ପ୍ରତ୍ୟୟର ଅଦୃଶ୍ୟ
ମଂଚ ତାଂଡ଼ବ ନୃତ୍ୟରେ
ମଦମତ୍ତ ହେଉ,
ଛଳନାର ପଶାପାଲିରେ ବଂଧା ମୋର
ଅବଶିଷ୍ଟ ଆୟୁଷ,
ଯାହା ନେବାର କଥା ନିଅ
କୌଣସି ସର୍ତ୍ତ ନ ରଖ ।

ସମୟର ଥୁଂଟା ଗଛରେ ମୃତାହତ
ପକ୍ଷୀପରି ମୋର
ଅସହାୟ ସ୍ଥିତି,
ମୁଁ ଯେମିତି ଏଇ ଆଜନ୍ମ ଗୃହୀ-ସନ୍ନ୍ୟାସୀ
ଏଇ ଅଛି ଏଇ ନାହିଁ,
ଯାହାର ନେବାର କଥା ନିଅ
କୌଣସି ସର୍ତ୍ତ ନ ରଖ ।

ଚିତ୍ର ପ୍ରତିମା

ତାରାର ଦୀପରେ କେଉଁ ଚିତ୍ରକର
ସଜେଇ ଦେଇଛି ପ୍ରାଚୀନ ଆକାଶକୁ,
କେଉଁ ମନ୍ୱଂତରରୁ ତମେ ଯାଇଛ ଯେ
ଯାଇଛ ଏମିତି ଏକ ଆକାଶଲୋକକୁ
ଯେଉଁଠି ତମର କିଛି ଖୋଜଖବର
ନାହିଁ, ଠାବ ଠିକଣା ନାହିଁ ।

ତମେ କେଉଁଠି ଅଛ ମାନମୟୀ !
କେଉଁ ଇଂଦ୍ରିୟୋତ୍ତର ରାଜ୍ୟରେ
ଦୀପାଳିର ଆଲୋକ ମାଳାରେ, ନାଁ
ନୀଳ ନୀଳାଭ ଝିଲିମିଲି ବର୍ଣ୍ଣାଳିରେ
ନାଁ, ନିଷ୍କଳ ଆକାଶର ଅଖଂଡ଼
ନୀରବତାରେ, ଭାସମାନ ଛିଂଡ଼ାଛିଂଡ଼ା
ମେଘପୁଂଜରେ,
ନାଁ, ମହାଶୂନ୍ୟର ଧୂମାଭ ହୀରକପୁରରେ ।

କୋଉଠି ଅଛ ମାନମୟୀ, କୋଉଠି ?
ଗୁଣୁଗୁଣୁ କଳାଘୁମର ରାତିର
ମୁଲାଏମ ବାସବ ଶେଯରେ,
ଝଣ୍‌ଝଣ୍ ଗୀଟାରର କାନଫଟା
ବିଭଂଗ ରାଗିଣୀରେ,

ଅନଂତ ସୌଂଦର୍ଯ୍ୟର ଶୁଭ୍ର ସ୍ୱଚ୍ଛ
ମଧୁରିମାରେ, ନାଁ ଘରବାହୁଡ଼ା
ଚଢ଼େଇଂକ କିଚିରିମିଚିରି ସାମଗାନରେ,
ନାଁ, ଅଦିନ ଆଷାଢ଼ର ଅଳସ
ବାରିପାତରେ, କୋଉଠି ଅଛ ?

କୋଉଠି ଅଛ ଯେ ମାନମୟୀ !
ସାରା ଜୀବନକାଳ
ସାରା ମରଣକାଳ
ତମର ଗୀତିମୟ, ତମେ ନୀଳ
ଆକାଶର ସଜଫୁଟା ରୂପା ତାରାଫୁଲ
ସ୍ମୃତି ଓ ବିସ୍ମୃତିର ଅପାଶୋରା
ମିଂଜିମିଂଜି ସଂଜଦୀପ,

ତମେ ଥିଲେ, ବସଂତ ଅଛି
ବାହାର ଅଛି, ବୈରାଗ୍ୟ ଅଛି
ଭୋଗ ଓ ନିର୍ବାଣ ଅଛି,
ନାହିଁ ନାହିଁର ସଂସାରରେ
ଜୀବନପାତ୍ର ମୋର ଭରପୂର ଅଛି ॥

ଶ୍ରାବଣ ଆସୁଛି

କାହା ପାଇଁ ମେହେଂଦୀ ଲଗାଇଛ
ହାତ ଓ ପାଦରେ
କାହା ପାଇଁ ସ୍ୱପ୍ନର ଇମାରତ୍ ଗଢୁଅଛ
ଧୂ ଧୂ ଖରାବେଳଟାରେ,
ଆଖିରେ କଜ୍ଜ୍ୱଳ ଆଉ ମଥାରେ
ସିଂଦୂର ନାଇ କେଉଁ
ଆଶ୍ଚର୍ଯ୍ୟ-ଚକିତ ଅତିଥିଂକ ପାଇଁ
ଜାଗର ଜାଳୁଛ ଦିକିଦିକି ଦିହୁଡ଼ି
ଆଲୁଏ, ନିଶାର୍ଦ୍ଧରେ ।

ସାରା ରାତି ରୋଶଣି ଜଳିଛି
ଅଥଚ, ଯୋଉ ଅଂଧାରକୁ
ସେଇ ଅଂଧାର ହାତଗୋଡ଼ ମେଲେଇ
ବସିଛି ବୁଢ଼ିଅସୁରୁଣୀ ପରି
ବରଡ଼ାଳରେ, ନିରର୍ଥକ ପ୍ରତିଶ୍ରୁତିର
ଅବୋଧ ପକ୍ଷୀଟି
ଚକ୍‌କର କାଟି ଘୂରିବୁଲୁଛି ତୋଫା
ଜହ୍ନ ଆଲୁଅରେ, ନୀଳ ନଭରେ,

ସ୍ମୃତିର ଦୀପରେ ଫୁଲ ଫୁଟିବାର
ବେଳ, ମୌନ-ଆକାଶର ଓଠରେ
ମେଘର ଗଜଲ,

ନିର୍ମୋହ ଶ୍ରାବଣରେ ମଦଭରା
ରାତିର ଅଳସ ରାଗିଣୀ, ରିମ୍‌ଝିମ୍
ବରଷାର ମଧୁର ଛନ୍ଦରେ ଆତୁରେ
ଡାକୁଛି ତୁମକୁ
ଆସ ଆସ, ଜହ୍ନାଲୋକେ ଆସ
ଗୋ' ମିତଣୀ ।

କାହାପାଇଁ ମେହେଂଦୀ ଲଗାଇଛ
ହାତ ଓ ପାଦରେ
କାହା ପାଇଁ ଜାଗର ଜାଳୁଛ ବସି
ଦିହୁଡ଼ି ଆଲୁଏ
ଦେଖ ଦେଖ, ଶ୍ରାବଣ ଆସୁଛି ବୋଲି
ହୁରି ପଡୁଅଛି ଅଗମାଗମ ଏଇ ଆମ
ଶ୍ୟାମ ବନାନୀରେ ॥

ଦୂରତ୍ୱର ଭ୍ରମ

ତମେ ପାଖେ ଥିଲାବେଳେ
ମନେହୁଏ ଯେମିତି ପରିପୂର୍ଣ୍ଣ
ବିଶାଳ ସଂସାରଟେ ଅଛି,
ସୁଖ ଅଛି, ସଂଭୋଗ ଅଛି,
ଆକୁଳ ଆର୍ତ୍ତି ଓ ଚରମ
ବିଫଳତା ଅଛି ।

ତମେ ପାଖେ ନଥିଲାବେଳେ
କେଉଁଆଡ଼େ କିଛି ନାହିଁ,
ଯେମିତି ବସଂତରେ ସୁଗଂଧ
ନାହିଁ, ଘନକଳା ମେଘରେ
ବାରି ବିଂଦୁ ନାହିଁ, ସମୁଦ୍ର
ମଂଥନରେ ବିଷ ନାହିଁ କି,
ଅମୃତ ନାହିଁ, ଆକାଶରେ
ଚଂଦ୍ର ସୂର୍ଯ୍ୟ ନାହିଁ, ବିଜୁଳିରେ
ଚମକ ନାହିଁ, କାନ୍‌ଭାସ୍‌ରେ
ଚିତ୍ରପ୍ରତିମା ନାହିଁ କି, ପ୍ରାଣରେ
ସ୍ଫୁର୍ତ୍ତି ନାହିଁ, ତମେ ପାଖେ
ନଥିଲେ କିଛି ହିଁ ନାହିଁ ।

ନାହିଁ ନାହିଁର ଭାବ-ସମୁଦ୍ରରେ
ଏକାଏକା ଉବୁଟୁବୁ ହେଉଥିବା
ମଣିଷ ମୁଁ, କି ଗୀତ ଗାଇବି

ଏଠି ମନଖୁସିରେ ଖାଁ ଖାଁ
ଧୂସର ମରୁରେ, ସବୁ ଗୀତ
ଯେ' ବେଢ଼ଂଗ ବେସୁରା
ତମ ଅନୁପସ୍ଥିତିରେ ।

ତମେ ସତୁସତ ଅନଂତ
ସଂଭାବନାର ପରିପୂର୍ଣ୍ଣ
ସୁବର୍ଣ୍ଣ କଳସ,
ପୁଣ୍ୟତୋୟା ଉଚ୍ଛଳ
ଗଂଗୋତ୍ରୀ, ପ୍ରାପ୍ତି ଓ
ପଶ୍ଚାତାପର ଲୋଭନୀୟ
ଦୁର୍ବାର ସ୍ୱପ୍ନ,
ଅଲିଭା ସ୍ମୃତିର ଅପରୂପ
ଉଜ୍ଜ୍ୱଳ ହସ୍ତାକ୍ଷର, ତମେ
ଅସରଂତି ସଂଭାବନାର ଝିଲିମିଲି
ମୃଣ୍ମୟ ମଂଦିର ।

କାହାପାଇଁ ମେହେଂଦୀ ଲଗାଇଛ
ହାତ ଓ ପାଦରେ ? କାହା ପାଇଁ
ରାଧାକୃଷ୍ଣ ଚିତା କୁଟେଇଛ
ଅପରୂପ ବାହୁବଲ୍ଲରୀରେ ?
ଦିକିଦିକି ଦିହୁଡ଼ି ଆଲୁଏ
ବସିଛ ମୋହିନୀ ବେଶରେ ?

ଯୋଉ ଅଂଧାରକୁ ସେଇ ଅଂଧାର ତ
ବୁଢ଼ୀଅସୁରୁଣୀ ପରି ହାତ ଗୋଡ଼
ମେଲେଇ ବସିଛି ଅସତର୍କ ମୁହୂର୍ତ୍ତରେ,

ସମୟର ଜରାଜୀର୍ଣ୍ଣ ଉଦାସୀ ନଈ ଧାରେ
ନିରର୍ଥକ ପ୍ରତିଶ୍ରୁତିର ନିଷ୍ପାପ ପକ୍ଷୀଟି
ଚକ୍‌କର କାଟି ଘୂରିବୁଲୁଛି ମିଛିମିଛିକା
ଛାଇଆଲୁଅରେ,
କାହାଲାଗି ମୋହିନୀ ବେଶ ସାଜିଛ
ମୁହଁ ସଂଜବେଳେ ଦୀର୍ଘ ଅପେକ୍ଷାରେ ॥

କୋଉଠି ଅଛ ଯେ !

ତାରାର ଦୀପରେ କେଉଁ
ଅଭିଗ୍ୟଂ ଚିତ୍ରକର ସଜେଇ
ଦେଇଛି ପ୍ରାଚୀନ ଆକାଶକୁ,

ଅଦୃଶ୍ୟର ଇଂଗିତରେ କେଉଁ
ମନ୍ୱଂତରରୁ ତମେ ଯାଇଛ ଯେ
ଯାଇଛ ଏମିତି ଏକ ଆକାଶଲୋକକୁ
ତମର ଖୋଜଖବର ନାହିଁ, ସ୍ୱର
ଶବ୍ଦ ନାହିଁ,
କୋଉଠି ଅଛ ?
କୋଉ ଇଂଦ୍ରିୟୋତ୍ତର ରାଜ୍ୟର
ଅନାବିଷ୍କୃତ ମଧ୍ୟ-ସ୍ୱର୍ଗରେ,
କୋଉଠି ଅଛ ଯେ' !

ଦୀପାଳିର ଉଜ୍ୱଳ
ଆଲୋକମାଳାରେ, ନାଁ
ନୀଳ ନଭର ଝିଲିମିଲି ସ୍ୱର୍ଣ୍ଣାଭ
ବର୍ଣ୍ଣାଳିରେ ନାଁ, ନିଶ୍ଚଳ
ନିର୍ବେଦ ଅଭିଶପ୍ତ ଆକାଶର
ବିସ୍ତାରିତ ନୀରବତାରେ,
ଭିଣାତୁଳା ପରି ଭାସମାନ ମେଘପୁଂଜରେ
ନାଁ, ମହାଶୂନ୍ୟର
ମହାକାୟ ହୀରକପୁରୀରେ,

କୋଉଠି ଅଛ ଯେ'
କୋଉଠି ଅଛ ଅଦୃଶ୍ୟ ପୋଷାକ
ପିଂଧି ମାନମୟୀ !

ଗୁଣୁଗୁଣୁ କଳାଘୁମର
ମେଘୁଆ ରାତିର ବିଧୁନିତ
ସୁରରେ, ଝଣ୍‌ଝଣ୍ ଗୀଟାରର
କାନଫଟା ବିଭଂଗ ରାଗିଣୀରେ,
ଘରବାହୁଡ଼ା ପକ୍ଷୀଂକ କଳକଳ
ଛଂଦାୟିତ କୂଜନରେ, ନାଁ
ଅନଂତ ମଧୁରୀମାର ଶାଂତ
କୋମଳ ଆନଂଦାଶ୍ରୁରେ,
କୋଉଠି ଅଛ ?

କୋଉଠି ଅଛ ମାନମୟୀ
କୋଉଠି ଅଛ ଯେ' !

ତମ ବିନା ସବୁ କିଛି ଅଧା ଏଠି
ପାନୀୟ ଅଧା, ପାନପାତ୍ର ବି ଅଧା,
ନିର୍ବାଣ ଅଧା, ବଂଧନ ବି ଅଧା
ସଂଭୋଗ ଅଧା, ସନ୍ନ୍ୟାସ ବି ଅଧା,

ତମେ ସତକୁ ସତ
ମଧୁର ଗୀତର ସରଳ କୋମଳ ସୁର
ତମେ ସତକୁ ସତ
ଅଭୁଲା ସ୍ମୃତିର ଅପାଶୋରା ହସ୍ତାକ୍ଷର ।

ଏବେ ନୁହେଁ

ଏବେ ନୁହେଁ, କେବେ ପୁଣି ଦେଖି
ନ ଦେଖିଲା ପରି ଦେଖାହେବ
ଭରପୁର ଶୃଂଗାରର ବର୍ଷାଭିଜା
ସଜଳ ରାତିରେ
ବିଳଂବିତ ପହରରେ,

ମିଂଜିମିଂଜି ତାରାଂକର ଅଂତହୀନ
ଅଭିସାର ଚାଲିଥିବ ଚଂଦ୍ରାଲୋକେ
ଆକାଶଲୋକରେ
ଅଗମ୍ୟାଂତ ଅଳିଂଦରେ,

ଜହ୍ନ ଆଲୁଅ ରଂଗର ଶାଢ଼ି
ପିଂଧି ତମେ ଆସିବ ସଚ୍ଚିତ୍ର
ସଂଧ୍ୟାରଥରେ,
କୋମଳ ମହକେ ଭରା ମତୁଆଲା
ଖୋଲା ପବନରେ,
ସବୁଜିମାର ଗଜରାରେ ସଜେଇ
ତମ ଜୁଡ଼ା ତମେ ଆସିବ ଅପ୍ରତ୍ୟାଶିତ
ଭାବେ ଉଜ୍ଜ୍ୱଳ ଅଂଧାରରେ,

ତମ ଆଖିରେ କବିତାର ଲକ୍ଷେ
ସୂର୍ଯ୍ୟୋଦୟ, ନିଃଶ୍ୱାସରେ ମଧୁଗଂଧର
ଅନେଶତ ହାୱା

ଅଳସ ପଦପାତରେ
ନୂତନ ଋତୁର ବୈତରଣୀ,
ନୀଳ ଆକାଶର ଝଲ୍‌ମଲ୍
ସୁବର୍ଣ୍ଣ କପାଳରେ, ପୁରୁଷାର୍ଥରେ,
ପ୍ରଗ୍ୟାଂରେ, ପ୍ରସ୍ଥାନରେ ବିରହୀ

ବଂଶୀର ବ୍ୟାକୁଳ ଥରଥର ସୁର
ଘରବାହୁଡ଼ା ପକ୍ଷୀଂକ କୂଜନରେ
ପ୍ରେମର ଲୋଭନୀୟ
ସୁନୀଳ ହସ୍ତାକ୍ଷର ।

ତମେ ଭରା ଶ୍ରାବଣର
ଜୁଡୁସୁଡୁ ଶାଂତ ମଧୁର ସକାଳ
ଗୋପାଳପୁରର ରସଘନ ମୁଁ
ନିଶ୍ଚଳ ଆକାଶ, ତମେ ନିର୍ମୋହ
ପ୍ରଣୟର ମଦଭରା ଅଳସ ରାଗିଣୀ
ମୁଁ ଯେ ମିଳନ ରାତିର ମଧୁଭରା
ମସ୍ତ ପବନ ।

ଏବେ ନୁହେଁ
କେବେ ପୁଣି ଦେଖି ନଦେଖିଲା
ପରି ଦେଖାହେବ ଶୃଂଗାରରେ
ଭରପୂର ସଜଳ ରାତିର
ବିଧୁନିତ ପ୍ରହରରେ, ଅନ୍ୟ କେଉଁ ଲୋକ
କି, କେଉଁ ଆକାଶଲୋକରେ ॥

ଶୃଂଗାର ସଂଗୀତ

ପ୍ରିୟତମ ପ୍ରିୟ ମୋର
ଆଜି ଆସିବାର ଅଛି,
ଆସିବାର ଅଛି
ବୋଲି ସବୁ କୁଳାଚାର
ଭୁଲି, ତିନି ଗାର
ଡେଇଁ, ସ୍ୱାମୀ ଓ ଶାଶୁଂକ
ପାଖେ ଡାହା ମିଛ କହି
ଯାଆ ଓ ନଣଂଦଙ୍କୁ
ଠକିଦେଇ ଆସିଛି ମୁଁ
ଏକାଏକା ଏ
ଅଗମାଗମ ଘନ ବନାନୀକୁ ।

ଅଥଚ, ତାଂକର ସୋର
ଶବ୍ଦ ନାହିଁ,
ପବନରେ ତାଂକ ଦେହ
ଗଂଧ ଭାସି
ଆସୁନାହିଁ, ଝଡ଼ା ପତ୍ର
ପରେ ଶ୍ରୀଛାମୁଂକ
ନୂପୁରର ରୁଣୁଝୁଣୁ
ଶବ୍ଦ ଶୁଭୁନାହିଁ,
ଲତା ଗହଳିରେ
ବିରହୀ ବଂଶୀର ମୂର୍ଚ୍ଛନା
ନାହିଁ, ଆଖପାଖ

ମହୀମଂଡ଼ଳରେ ତମ
ଥିବା ନ ଥିବାର ବାର୍ତ୍ତା
ନାହିଁ, ନୀଳ ଯମୁନାର କାଚକେଂଦୁ
ଉଜାଣି ସୁଅରେ
କେଳିକୁଂଜ ସଜାହେଉନାହିଁ,
ଶରୀରରେ ଜୀବନ
ଅଛି କି ନାହିଁ
ଜାଣିବାକୁ ଜୁ ପାଉ ନାହିଁ ।

କି ଅଘଟନ ଘଟିଲାକି
ଫେରଂତା ବାଟରେ ?
କେତେ ନିଷ୍କରୁଣ ସତେ
ସିଏ, ଆସିବାକୁ
କଥା ଦେଇ କଥା ରଖିଲେନି,

କଥା ନ ରଖିବା ତାଂକ
ନିୟତ ଅଭ୍ୟାସ,
କଥା ପଦେ ପାଇଁ ମୁଁ
ଆବୋରି ବସିଥିବା
ମୋ ଅବଶିଷ୍ଟ ଆୟୁଷ
ଓ ରମ୍ୟ ଉପବନ,
ଖାଁ ଖାଁ, ଉଦାସ ନିରସ ।

ତାଂକ ଶ୍ୟାମ
ଶରୀରର ବର୍ଣ୍ଣୋଜ୍ଜ୍ୱଳ ଛାଇ
ନିଛାଟିଆ ଖରାବେଳେ
ପାଳଭୂତ ପରି ମତେ ଡରାଉଛି
ଚଂଦ୍ରାଲୋକେ ବାଟଘାଟ
କିଛି ନ ଦିଶୁଛି,

ତାଂକ ଆସିବା, ନ'
ଆସିବା ଅନିଶ୍ଚିତ
ଜାଣିଲା ପରେ ମୋର
ଆଉ କ'ଣ ବା'
କରିବାର ଅଛି ?
ମୁଁ ବସିଚି ତ
ବସି ରହିଛି ॥

ନିର୍ନାରୀ ପୃଥିବୀର ନାରୀ

ବିପୁଳ ପୃଥିବୀରେ
ଏମିତି ନାରୀଟିଏ ବା'
କାହିଁ ମିଳିବ, ଯା'ର
ଶ୍ୱେତ ଶଂଖ ପଣତରେ
ପ୍ରେମ ଓ କରୁଣାର
ମୃଦୁମଂଦ ଶୀତଳ ପବନ
ଡେଣା ଝାଡୁଥିବ,

ଯା'ର ବାଦାମୀ ଆଖିର
ଉପତ୍ୟକାରେ ନକ୍ଷତ୍ର
ଖଚିତ ଜରଜର ରାତି
ଘମାଘୋଟ ଗହମ
ନିଦରେ ରତ୍ନ ପଲଂକରେ
ଶୋଇ ରହିଥିବ,

ଏମିତି ନାରୀଟିଏ ବା'
କାହିଁ ମିଳିବ ନିର୍ନାରୀ
ପୃଥିବୀରେ ଯିଏ ଶୋକ
ନଦୀର ଖାଂଡ଼ବ ବନରୁ
ହସିହସି
ବାରଣ ଗଛର ଫୁଲ ତୋଳୁଥିବ,

ସୁଠାମ ପାଦରେ ଚିକିମିକି
ରୂପାର ପାଉଁଜି ପିଂଧି
ରୁମୁଝୁମୁ ଶବ୍ଦ
କରୁଥିବ, ଗଂଧର୍ବ ରାଗର
ସୁର ବିରହୀ ବଂଶୀର
ରଂଧ୍ରୁ ସଂଜ ସକାଳରେ
ଭାସି ଆସୁଥିବ
ଭରା ଶ୍ରାବଣରେ,

ଏମିତି ନାରୀଟିଏ ବା'
କାହୁଁ ମିଳିବ, ଦେହରୁ
ଯାହାର ଗଂଧ-ପାଗଳ-
ହାଓ୍ୱା ଘୋର ଦୁର୍ଦ୍ଦିନରେ
ଯୋଜନ ଯୋଜନ
ସୀମା ସରହଦ ଡେଇଁ
ଖେଳି ଯାଉଥିବ,

ଧୀର ପଦପାତରେ
ଆଶୀର୍ବାଦର ବରାଭୟ
ମୁଦ୍ରାରେ, ଶ୍ୟାମଳ
ସବୁଜିମାର ପ୍ରଶସ୍ତ
ଲନ୍‌ରେ ଝରଝର ଝରଣାର
କୁଳୁକୁଳୁ ନାଦ
ଶୁଭୁଥିବ ।

ନୂଆ ସମ୍ଭାବନାର
ଝଲମଲ ବର୍ଣ୍ଣୋଜ୍ଜ୍ୱଳ
ନିଶ୍ଚୁପ ସକାଳ
ଦ୍ରୌପଦୀର ପିଂଧାବାସ
ପରି ପ୍ରସ୍ତପ୍ରସ୍ତ ଖୋଲି
ଯାଉଥିବ, ଏମିତି
ନାରୀଟିଏ ବା' ନିର୍ନାରୀ
ପୃଥିବୀରେ କାହୁଁ ମିଳିବ ଯେ' ॥

ଦିନେ ଦିନେ

॥ ୧ ॥

ଏମିତି ଏକ ଅଶୁଭ ବେଳାରେ ତମର ଆସିବା
କ'ଣ ଏତେ ଜରୁରୀ ଥିଲା ଯେ ସବୁ ଲୋକାଚାର
ଆଦବକାଇଦା ଭୁଲି ଲୁଚିଛପି ତମେ ଆସିଥାଂତ
ଅଲୋଡ଼ାଅଖୋଲା ଗୋଟେ ଅଭାଗା ପାଖକୁ
ଯାହାର ମେରୁ ହାଡ଼ ଧନୁ ପରି ବଂକା, ଆଖିରେ
ଆଖିଏ ବହଳ ପରଳ, ଲୋଚାକୋଚା ବିଛଣାରେ
ମୁହୂର୍ତ୍ତେ ସ୍ମରଣ ପୁଣି, ପର ମୁହୂର୍ତ୍ତରେ ବିସ୍ମରଣ ।

ଏମିତି ଅଖଂଜ ଜୀବନ
କାହାର କୋଉ କାମରେ ଲାଗିବ ଯେ' ମୁଁ କତରାରୁ
କଷ୍ଟେମଷ୍ଟେ ଉଠି ଅଂଟା ସଳଖି
ଅପହଂଚ ଗୁଂଫା ପାହାଡ଼ ନଦନଦୀ ସପ୍ତଦୀପା
ମହିମଂଡ଼ଳ ଅତିକ୍ରମୀ ଧଇଁସଇଁ ହୋଇ ଧାଁ ଦଉଡ଼
କରିଥାଂତି ନିର୍ଲିପ୍ତ ବେଳାରେ, ଯଦିବା ମୁଁ ଜାଣେ
ଏ ଯାତ୍ରାର ଶେଷ ପରିଣତି ଖୁବ୍ ବେଶୀ ଦୁଃଖପ୍ରଦ
ଯେହେତୁ ମୁଁ ନିଜେ ନାହିଁ ନିଜ ଆୟତରେ ।

ଅନୁଶାସନର ଅନୁଶାସନକୁ ଭାଂଗିଭୁଂଗି
ଜନ୍ମଜନ୍ମ ପୂର୍ବରୁ ଟଣା ଯାଇଥିବା ଲକ୍ଷ୍ମଣଗାର ଡେଇଁ ଏଡ଼େ
ତରତରରେ ତମେ ଏଠିକି କାହିଁକି ଆସିଲ ?
ଆସୁଆସୁ ମଝି ବାଟରୁ ବାଟ ଭାଂଗି

ପୁଣି ଫେରିଗଲ ଓ ଘରବାହୁଡ଼ା କ୍ଲାଂତ ପକ୍ଷୀଟି
ପରି ଡେଣା ଦୋହଲାଇ ଗଲାବେଳେ
ଥରଟିଏ ପଛକୁ ଆଉ ଫେରି ନ ଚାହିଁଲ ।
ପଛ କଥା ମନେ ପଡ଼ିଗଲେ କେମିତିକେମିତି ଲାଗେ ଯେ
ଛାତି ଧଡ଼ଧଡ଼ ହୁଏ, ଅଜଣା ଭୟରେ ସମଗ୍ର
ଶରୀର ମୋର ଗୋଟିପଣେ ଥରି ଉଠୁଥାଏ, ଆମ
ସଂପର୍କକୁ ନେଇ କେତେକେତେ ଆଜେବାଜେ କଥାର
ଚର୍ଚ୍ଚା ଚାଲିଥାଏ ।

ଡହଡ଼ହ ଖଇଫୁଟା ଖରାବେଳେ କାଠଚଂପା ଗଛ
ଡାଳେ ଉଦାସ ମନରେ ଏକାଏକା ବସିଥିଲାବେଳେ
ଡାଳପତ୍ର ଫୁଲକଢ଼ କିଛି ବୋଲି କିଛି ଦିଶୁ ନ ଥାଏ,
ଚଂପାଗଛ ଡାଳେ ହୀମ ପବନର
ଟିକେ ଛାଇ ଟିକେ ଆଲୁଅର ଉଜ୍ଜ୍ୱଳତା ପାଇଁ
ତଥାପି ମୁଁ ଅପେକ୍ଷାରେ ବସି ରହିଥାଏ ।

କୋଟିକୋଟି କଳ୍ପ କଳ୍ପାଂତର ଧରି କାୟାହୀନ
ଅବସ୍ଥାରେ ଉତ୍କଂଠାରେ ମୁଁ ତମ ବାଟକୁ ଏକାଏକା
ଚାହିଁ ବସିଥିବି । କୋଟିକୋଟି କଳ୍ପ କଳ୍ପାଂତର
ଯାଏ ସଚରାଚରରେ
ଯାହା ଯେମିତି ଘଟିବାର କଥା ସହଜ ସରଳଭାବେ
ଗୋଟିକ ପରେ ଗୋଟିଏ ଘଟିଘଟି ଯାଉଥିବ
କିଂତୁ, ମୁଁ ସେଠି ଆଉ ନ ଥିବି ।

ଜୀବନ୍ମୃତ ଅବସ୍ଥାରେ ଏଇ ଦେହ ମନ ପାଖେ
ଛାୟାବୃତ୍ତ ପରି ତମେ ରହିଥିବା ଯାଏଁ, ପାଖେପାଖେ
ନ ଥାଇବି ପାଖେ ଥିଲା ଭଳି ମତେ

ଲାଗୁଥିବ । ଦିନକୁ ଦିନ ଅପ୍ରମିତ ଦୁଃଖ କଷ୍ଟ ଓ
ବିଷାଦ ମାୟାମେଘ ପରି ଭାଗ୍ୟର ଆକାଶେ
ଘନିଭୂତ ହେଉଥିଲାବେଳେ ସାବଲୀଳ ସ୍ୱପ୍ନ
ବିଜୟ ଓ ପରାଜୟ, ରାଶିରାଶି
ନକ୍ଷତ୍ର ଖଚିତ ଅମାଅଂଧକାର ରାତି ଥିବ, ମାଳମାଳ
ଅଦୃଶ୍ୟ ଅପହଂଚ ବ୍ରହ୍ମାଂଡ଼ କଳ୍ପନାର
କାନ୍‌ଭାସ୍‌ରେ କୋଉ ଦୁର୍ଲଭ ଶିଳ୍ପୀର ରଂଗ ଓ ତୂଳୀରୁ
କ୍ଷଣକ୍ଷଣ ଜନ୍ମ ନେଉଥିବ
ଚାହିଁଲା ବେଳକୁ ପୁଣି ହାତ ପାଖେ କିଛି ବୋଲି
କିଛି ହିଁ ଥିବ ।

ଚଉରି ଦିଗ, ଚଉରାଶି ଯୋଜନ ଚଉଦ ଭୁବନ ଖାଁ ଖାଁ ଦିଶୁଥିବ ।
ଆରଂଭ ନ ଥିବ କି, ଶେଷ ନ ଥିବ,
ପ୍ରଶ୍ନ ନ ଥିବ କି, ଉତ୍ତର ନ ଥିବ,
ଭୂମିସ୍ପର୍ଶ ମୁଦ୍ରାରେ ସାକ୍ଷାତ୍ ଦେବୀ ପ୍ରତିମାଟି
ଭଳି କେଉଁ ଅଲୌକିକ ମଂଡ଼ଳରେ ତମେ
କାହା ଅପେକ୍ଷାରେ ବସି ରହିଥିବ,
ଶ୍ରୀଅଂଗରୁ ପଦ୍ମଗଂଧର ଭୁରୁଭୁରୁ ମହକ ମାଟିରୁ
ଆକାଶ ଓ ଆକାଶରୁ ମହାକାଶ ଯାଏଁ ବେଳୁଁବେଳ
ପରିବ୍ୟାପ୍ତ ହେଉଥିବ ।

ଦିନେ ନା ଦିନେ, କୋଉଠି ନା
କୋଉଠି ତମ ସାଂଗେ ଅସତର୍କ
ମୁହୂର୍ତ୍ତରେ ମୋର ନିଶ୍ଚେ ଭେଟ ହେବ
ମେଘ-ମେଦୁରିତ ବର୍ଷଣ
ମୁଖର ଅଳସ ସଂଜରେ, ସଜଳ କଜ୍ଜଳ
ଅପାଶୋରା ରାକା ରଜନୀର

ଦିଗ୍‌ବିଦିଗ୍ ଆର ପାରେ ଭିନ୍ନଭିନ୍ନ ରୂପ
ଓ ରଂଗରେ, ସ୍ପର୍ଶ-ଗଂଧ-ରୂପ-ରସହୀନ ଜୀବନର
ଚଉମୁହାଁଣିରେ ଆମ ଭେଟ ନିଶ୍ଚେ ଦିନେ ନା, ଦିନେ
ହେବ ଯାହା ଭବିତବ୍ୟ ତାହା ଅବଶ୍ୟ ଘଟିବ
ଗୋପନତମ ଆମ ଦସ୍ତାବିଜ୍, ଡାଏରୀର ସାଧା
ପୃଷ୍ଠା ପରି ସଭିଂକ ସାମ୍‌ନାରେ ଖୋଲା ପଡ଼ିଥିବ ।

କେତେ ଭୀରୁ, କେତେ ଦୁର୍ବଳ, କେତେ
ଅସହାୟ ଆମେ ଦୁହେଁ ଜନ୍ମ ଓ ମୃତ୍ୟୁରେ !
ନିଃସଂଗ ନକ୍ଷତ୍ର ଭଳି କେତେ ଏକାଏକା
ଆମେ ନିଜ ନିଜର ବୃତ୍ତ ଓ ବଳୟ ଭିତରେ ।
ଦିନଦିନ ମାସମାସ ବର୍ଷବର୍ଷ ଧରି କେତେକେତେ
ଦିନରାତି କାଟିବାକୁ ହୁଏ ଅନିଦ୍ରାରେ ଅର୍ଥହୀନ
ସ୍ୱପ୍ନ ପରେ ସ୍ୱପ୍ନ ଦେଖିବାରେ ॥

॥ ୨ ॥

ଆଲଣା ସଂଧିର ମେଂଚାଏ ଅଳନ୍ଧୁ ପରି
ମୁହଁମାଡ଼ି ପଡ଼ିଅଛି ନିରବ ନିଶ୍ଚଳେ ତାଟି କବାଟ
ପଡ଼ିଥିବା ଏଇ ବଂଦ ଘରେ ।
ଯିଏ ଯାହା କାମ ପାଇଟିରେ ବ୍ୟସ୍ତ ଥାଇ ଯାଅଆସ
କରୁଥାଂତି ନିଜନିଜ ବାଗରେ ।
ଆଡ଼ଆଖିରେ ଥରେ ହୀନ ପାମରକୁ ଦେଖିବାକୁ
ବେଳ ନାହିଁ କାହାରି ପାଖରେ, ଲୀଳାଖେଳା ଯେମିତି
ଚାଲିଛି ଠିକ୍ ସେମିତି ଚାଲିଥିବ ଚତୁରେ ଚତୁରେ ।

ଖୋଜାଲୋଡ଼ାର ବିଅର୍ଥ ଜୀବନକାଳ ଭିତରେ
ଯେତେ ଯାହା ଅର୍ଜିଥିଲି ଅଂଟି ଭରି ସବୁ ତ

ଦାନ କରିଦେଲି, ଆଉ ଦେବାକୁ କ'ଣ ଅଧିକ
ବଳକା ପଦାର୍ଥ ମୋ ପାଖେ ଅଛି ଯେ' ତୁମକୁ
ନ ଦେଇ ତମଠୁଁ ଲୁଚେଇ ରଖିଲି ?
ଶ୍ୟାମବର୍ଣ୍ଣର ମୁଲାଏମ ଶରୀରରୁ ଛେଲାଚେଲା
ମେଦମାଂସ କାଟି ନିର୍ଲୋଭରେ ଦେଲି, ହାଡ଼ଗଂଠିକୁ
ଚିପୁଡ଼ିଚାପୁଡ଼ି ଯେତେ ରସ ମଜ୍ଜା ରକ୍ତ
ଥିଲା, ଲହୁଲୁହ ସ୍ନେହମମତା ସ୍ଥାବର
ଅସ୍ଥାବର ଯାହା କିଛି ମୋ ଆୟତେ ଥିଲା ଦେଲି,
ସବୁ ଦେଲା ପରେ ଶେଷକୁ ଦେଇଦେଇ ଭିକାରିଟି
ପରି ରହିଗଲି ।

ଚାହିଁବା ଓ ପାଇବାର ଗୋଲକଧଂଦାରେ ଯେତିକି
ଦିନକାଳ ବିତିବାର ଥିଲା ବିତିଲା,
ସବାଶେଷବେଳ କେମିତି ବିତିବ ଭାବିଲା ବେଳକୁ
ନିଜ ଉପରେ ନିଜର ଭରସା ନଥିଲା ।

ଦିନେଦିନେ ତମ କଥା କେଜାଣି କାହିଁକି
ତମ ଅନୁପସ୍ଥିତିରେ ବେଶୀ ମନେ ପଡ଼େ ।
ତମ କଥା ମନେ ପଡ଼ିଗଲେ ଭାରି କାଂଦକାଂଦ
ମାଡ଼େ ଥଳକୂଳ ନାଆଁଗାଆଁ ଦିଶୁ ନଥିବା
ଭରା ନଈ ଦାଢ଼େ । ବାଲିର ଦେଉଳ ଗଢ଼ି
ରାଧାକୃଷ୍ଣ ମୂର୍ତ୍ତି ମନ ପସଂଦରେ
ବାଲିରେ ଗଢୁଛି, ମୂର୍ତ୍ତି ଗଢୁଗଢୁ ପ୍ରତିଟି
ମୁହୂର୍ତ୍ତ ମୁଁ ତମ ସ୍ମୃତିରେ ହିଁ ଜିଇ ରହିଅଛି ॥

॥ ୩ ॥

ତମେ ମୋର ପାଖେ ଥିଲେ ସିନା ନୀଳାଂବରୀ
ପାଟଶାଢ଼ି ପିଂଧି ନୀଳମେଘି ପଣତ କାନିରେ

ମୁହଁ ଓ କପାଳ ମୋର ପୋଛି ଦେଉଥାଂତ
ତମେ ମୋର ପାଖେ ଥିଲେ ସିନା ନୀଳମଣି ହାର
ଗଳାରେ ନାଇ ସ୍ନେହର ଡୋରିରେ ମତେ ବାଂଧି ରଖିଥାଂତ,
ଅଧା ସତ ଅଧା ମିଛ ନାନାବାୟା ଗୀତ ଗାଇ
ଭାବଅଭାବରେ ମନ ମୋହୁଥାଂତ

ଭାବଅଭାବରେ ଯେତିକି ନାଆଁକୁ ସତ ତାଠାରୁ
ଢେର ବେଶୀ ମିଛ କହି ମନ ଜିଣିବାକୁ ହୁଏ
କୋଡ଼ପୋଛା ଅଝଟ ପୁଅର ।
ଅଂଧପୁଚୁଳି ବାଂଧି ଜନ୍ମାଂଧରୁ ଅଂଧ ରାଜା ଯେମିତି
ଦେଖୁଥାଏ ପ୍ରିୟଜଂନକର ରୀତିନୀତି ପ୍ରତି
ମୁହୂର୍ତ୍ତରେ ଥରକୁଥର ।

ପ୍ରାଣଠୁଁ ଅଧିକ ଜୀବନଠୁଁ ପ୍ରିୟ ପ୍ରେମାସ୍ପଦା
ପତ୍ନୀଂକର ସ୍ୱପ୍ନର ମହଲ ଅଚାନକ ଭାଂଗିରୁଜି
ଯାଏ ଗୋପନ ରହସ୍ୟ ପେଡ଼ି
ଝଣ୍‌ଝାଣ୍ ଅକସ୍ମାତ୍ ଖୋଲିଯିବା ପରେ । ଶ୍ରାବଣ
ଆକାଶୁଁ ବରକୋଳିଆ ଠୋପା ପରି ଘୋର
ଦୁର୍ଦ୍ଦିନର କଳାହାଂଡ଼ିଆ ମେଘ ତୁହାକୁତୁହା
ଅର୍ଚ୍ଛରେ ବର୍ଷୁଥିଲାବେଳେ ଝାଟିମାଟି ଘରର
ମଥାନ ଉପରେ, ଚୌକସରେ ।

ତମ ଆସିବା କଥା କାନରୁ କାନକୁ ସାତ
କାନ ହୋଇ ପବନ ବେଗରେ ଖେଳିଯିବା
ପରେ ମୋର ଆଉ କ'ଣ କରିବାର ଥିଲା ?
ଚେତା କି, ଚୈତନ୍ୟ ନ ଥିବା ପିତୃଦତ୍ତ ନିରିମାଖି
ପୋଡ଼ା ପିଂଡ଼ ମୁହୂର୍ତ୍ତ ପର ମୁହୂର୍ତ୍ତମାନଂକରେ

ମଝି ରାସ୍ତାରେ ଦୁର୍ଘଟଣାଗ୍ରସ୍ତ ହୋଇ ଛଟପଟ
ହେଲା, ତମ ଆସିବା କଥା କେହି ଜଣେ
ଦୟାବଂତ ପୁରୁଷ ଠାରରେଠାରରେ କାନ
ପାଖେ ମୋର କହି ଦେଇଗଲା ।

ତମ ଆସିବାର ଦିନ କାଳ ବେଳ ଜାଣିଲା ପରେ
ମୁଜି ହୋଇ ପଡ଼ିଥିବା ଆଖିପତ୍ତା ବଡ଼ କଷ୍ଟରେ
ଖୋଲି ଥରକ ପାଇଁ ତମ ମୁହଁ ଦେଖିବାକୁ କେତେ
ଚେଷ୍ଟା କଲି । ଯେତେ ଚେଷ୍ଟା କଲେ ବି
ଆଖିପତ୍ତା ସହଜରେ ଖୋଲି ପାରିଲିନି ।
ଦହନ ଓ ଯଂତ୍ରଣାର ଜଉଘରେ ଝଛଟପଟ ହୋଇ
ମୁଠାମୁଠା ପାଣିକାଚ ପରି
ଆପେଆପେ ଭାଂଗିଭୁଂଗି ଗଲି ॥

॥ ୪ ॥
ସିଂଦୂର ଫାଟିବା ଆଗୁଁ ଦିନେଦିନେ ଅଶିଣ
ସକାଳର ଝିଲିମିଲି କାକର ବର୍ଷାରେ ଭିଜିଭିଜି
ବାଡ଼ି ଅଗଣାରୁ ରଂଗବେରଂଗର ନାନାଜାତି ଫୁଲ
ତୋଳୁଥିଲାବେଳେ ତମ କଥା ନଭାବି
ନଚିଂତି ବି, କେଜାଣି କାହିଁକି ଏତେ ବର୍ଷ
ବିତିଯିବା ପରେ ପୁଣି ମନେପଡ଼େ ।
ତମ ଦୀର୍ଘ ଅନୁପସ୍ଥିତିରେ
ତମ କଥାସବୁ ମନେ ପଡ଼ିବାରୁ
ଭାରି କାଂଦକାଂଦ ମାଡ଼େ କୌଣସି କାରଣ ନ ଥାଇବି'
ବେଳଅବେଳରେ । ଅଝଟ ପିଲା ପରି ରାହା
ଧରି ତୁହାକୁତୁହା କଇଁକଇଁ କାଂଦେ
କିଂତୁ, ମୋ' କାଂଦକାଂଦ ମୁହଁ ଦେଖି କାଳେ କେଉଁ

ସାଇଭାଇ ପାଖପଡ଼ୋଶୀଏ କ'ଣ ନା, କ'ଣ ଭାବି ବସିବେ,
ଜୀରାରୁ ଶିରା କାଢ଼ି କଥାକୁ ଏପଟସେପଟ କରିବେ,
ସେଥିପାଇଁ ଯେତେ ଚେଷ୍ଟା କଲେ ବି ମୁଁ ଆଦୌ
କାଂଦି ପାରେନାହିଁ, କାଂଦି ନପାରିବାର ଅପାରଗତା
ପାଇଁ ନିଜ ଆୟତରେ ଥୟ ଧରି କ୍ଷଣକ ପାଇଁ ବି
ନିଜେ ମୁଁ ରହି ପାରେନି । ଆଖି ଲୁହ ଆଖି
କୋଣେ ମାରି ରାଗ ଗରଗର ହୋଇ ଘରମୁହାଁ
ହେବା ପାଇଁ ମତେ ଡର ସହେନି ।

ଦିନେଦିନେ ଅବୁଝା ଅବାଗିଆ ମନ ମୋର
ଡହଡ଼ହ ଟାଣ ଖରାବେଳେ ଖୁବ୍ ବେଶୀ
ଡଳବିକଳ ହୁଏ ବିନା କାରଣରେ ।
ତମ ଅପାଶୋରା ଅବିସ୍ମରଣୀୟ
ଶ୍ୟାମଘନ ରୂପ ଦୂର ଦିଗ୍‌ବଳୟେ ବିଜୁଳିର
ଅନୁଜ୍ଜ୍ୱଳ ଜରିଶାଢ଼ି ପରି ଚିକ୍‌ଚିକ୍ ଦିଶେ
ମାୟାମେଘ କୋଳେ, ବଜ୍ର ଓ ବିଜୁଳିର
ଘମାଘୋଟ ସାମିଆନା ତଳେ ।

ଶିରିଶିରି ମଂଜଥରା ଶୀତଳ ପବନେ
ଦଲକାଦଲକା ଘନଘୋର ଚଲାମେଘ
ଖଂଡ଼ିଉଡ଼ା ଦେଉଥିଲାବେଳେ ଆକାଶର
ମଥାନ ଉପରେ ତମେ ମୋ ପାଖେପାଖେ
ସତକୁସତ ଥାଅ କି, ନଥାଅ କିଂତୁ,
ଯାକିଯୁକି ହୋଇ ମୋ ଦେହ ଓ ଆତ୍ମାରେ
ମିଳିମିଶି ରହିଥିଲାପରି ଲାଗୁଥାଅ
କ୍ଷଣକ୍ଷଣକରେ,
ରତିକ୍ଲାଂତ ବିଧୁନିତ ପ୍ରହରରେ

ମନ ମାରି ଏକାଏକା ବସିଥିଲାବେଳେ
ଉଦାସ ମନରେ ତମ କଥା
ଖୁବ୍ ବେଶୀ ମନେପଡ଼େ
ତମ ଦୀର୍ଘ ଅନୁପସ୍ଥିତିରେ

ତମେ କ'ଣ ଅଭିଶପ୍ତ ଜୀବନର
ଅବଧାରିତ ନିଷ୍ଫଳ ଭାଗ୍ୟଲିପି ମୋର ?
ତମେ କ'ଣ ଶ୍ୱାସପ୍ରଶ୍ୱାସର ନିଃଶବ୍ଦ
ପ୍ରତିଧ୍ୱନି, ଉଦଂଡ଼ ପୁରୁଷାକାରର ଅଖଂଡ଼ ସ୍ୱାଭିମାନ
ଓ ନିରର୍ଥକ ନିଷ୍ଫଳ ଜୀବନଚର୍ଯ୍ୟାର
ଗୋଲଗୋଲ ସୁନୀଳ ହସ୍ତାକ୍ଷର ମୋର ?

ସମର୍ପଣର ଅକୃତ୍ରିମ ମୁଦ୍ରାରେ
ନିଃସର୍ତ୍ତ ଭାବାବେଗରେ କାଳକାଳ
ପାଇଁ ଆବୋରି ବସିଛ ତମେ
ସସାଗରା ଧରା ଓ ଧରଣୀ,
ନାଦ ଓ ଅନାଦର ଅପୂର୍ବ ନହବତରେ କ୍ଷଣକ୍ଷଣ
ଗୁଂଜରିତ ମୁଗ୍ଧ-ଚକିତ, ତମ
କୋମଳ ଅନୁପମ ମାଧୁର୍ଯ୍ୟ
ରାଗର ଛମ୍‌ଛମ୍ ଅନାହତ ରାଗିଣୀ ।

ମୁଁ ତୁମକୁ ଆବାହନ କରୁଅଛି ଦିନ ପଳ ଦଂଡ଼
ମାସ ବର୍ଷ ବର୍ଷାଂତର ଧରି ଘମାଘୋଟ
ଯଂତ୍ରଣାର ଯଜ୍ଞ ବେଦୀପରେ, ବରଦ ମୁଦ୍ରାରେ ।
ଯଜ୍ଞର ସମୀଧ ଓ ଯାବତୀୟ ଉପଚାର
ତମେ ହେଲେ ମୁଁ ହେବି ମିଂଜିମିଂଜି ଜଳୁଥିବା
ଲିଭୁଥିବା ଗଂଧବହ ଧୂପକାଠି
ଜୀବନ ଯଜ୍ଞରେ ।

ଧୀର ମଂଥର ଗତିରେ ନଗ୍ନ ନଟୀ ପରି
ନିଶ୍ଚୁପରେ ଆସ ପ୍ରିୟ, ଆସ ପ୍ରିୟତମା,
ମୁଁ ତମକୁ ଆମୂଳଚୂଳ ପରିପୂର୍ଣ୍ଣ କରିଦେବି
ବହୁବିଧ ରୂପ ବିନ୍ୟାସରେ, ଅଭିନବ
ତୂଳୀ ଓ ରଂଗରେ ।
ପୂଜାର୍ଚ୍ଚନା କରି ମୁଁ ତମକୁ ଜୀବନ୍ୟାସ
ଦେବି କାଳ କାଳାଂତର ପାଇଁ ଲିପିବଦ୍ଧ
କାହାଣୀମାଳାରେ, ଦେବୀପ୍ରତିମାଟି ପରି
ତମେ ଜିଇ ରହିଥିବା ଯାଏଁ ପ୍ରେମର ଡୋରିରେ ॥

॥ ୫ ॥

ଆସ ଆସ, ମୁଁ ପ୍ରଥମେ ତମକୁ ପୋଛିପାଛି
ପରିଚ୍ଛନ୍ନ କରିଦିଏ ଅଗୁରୁ ଚଂଦନ ଗୋଳା
ସୁଗଂଧ ଜଳରେ, ଓ' ତା' ପରେ, ବହୁମୂଲ୍ୟ
ରଂଗାରଂଗ ଆୟଅଳଂକାରମାନ ମନଲାଖି
ଖଂଜିଦେବି ହୀରା ଭଳି ଚକମକ କରୁଥିବା
ଗୋଟିଗୋଟି ଅଂଗ ପ୍ରତ୍ୟଂଗରେ ।

ଆସ ଆସ, ମୁଁ ତମର ଘନକୃଷ୍ଣ ମେଘ ମେଦୁରିତ
କବରୀକୁ ମଂଡ଼ିଦେବି କୁଢ଼କୁଢ଼ କୁଂଦ ମଲ୍ଲି ଜାଇ ଯୂଇ
ଫୁଲ ସଂଭାରରେ, ବିଶ୍ୱାସର ମୋତିମାଳ ଶ୍ରଦ୍ଧାରେ
ପିଂଧେଇ ଦିଏ ତମରି ଗଳରେ ।

କାମନାର କଜ୍ଜଳରେ ପଟାପଟା ରଂଗାଇବି
ଚିତ୍ରବିଚିତ୍ର କରି ତମ ଦୁଇ ଅପାଶୋରା ମୁଗ୍ଧ
ନୀଳ ଆଖି, ନାକକୁ ରତ୍ନବସଣୀ ଦେବି ବାହୁକୁ ହୀରାର କେୟୂର,
କାନକୁ ମାଣିକ୍ୟଖଚିତ କୁଂଡ଼ଳ ବାହୁକୁ ବାହୁଟି

ଚିଦ୍ଧାକାଶ ପରି ଜଳଜଳ ଜଳୁଥିବା ତମ କପାଳକୁ
ମନଲାଖି ସଜେଇବି ସୂର୍ଯ୍ୟାସ୍ତର ରକ୍ତିମ ଆଭାରେ,
ଦୁଧଅଳତା ରଂଗର ପଦ ଯୁଗଳରେ ଚଉଷଠି
ବଂଧଚିତ୍ର ଆଂକି ଦେବି
ଅଭିଗ୍ୟଂ ଶିଳ୍ପୀ ପରି ଗାଢ଼ ସୁରଡିର
ତୂଳୀ ଓ ରଂଗରେ ।

ମଧୁମାଳତି ରଂଗର କୋମଳ ବାଦାମୀ
ଓଠରେ ଚୁମା ପରେ ଚୁମା ଦେବି
ଆବେଗରେ ମଧୁକ୍ଷରା ମଧୁ ଯାମିନୀରେ,
ଅଂତହୀନ ଆମ ଅଭିସାର ପର୍ବ ନିଡ଼ର ଓ ନିର୍ଭୟରେ
ଚାଲିଥିବା ଯାଏଁ ଖୋଲା ଆକାଶର ତଳେ ଶରତ ଋତୁରେ ।

ବିଂଦୁବିଂଦୁ ଲୁହ ଓ ଲହୁରେ ରାଧାକୃଷ୍ଣ ଚିତାକୁଟି
ଦେବି ଅଭ୍ର ପରି ଦାଉଦାଉ ଜଳୁଥିବା ଛାତିରେ
ତମର, ଲାଜେ ଜୁଡ଼ୁସୁଡ଼ୁ ହୋଇ ଲୁଚିଛପି ତମେ
ଦେଖୁଥିବ ସୁଠାମ ସୁଂଦର ଲୋଭନୀୟ ଛାତି ସ୍ତନ
ରୋମାବଳୀ ନିତି ବାରଂବାର ।

ଆଜି ରାତି ଆମ ଅନିଶ୍ଚିତ ସଂପର୍କର ଦୀର୍ଘତମ ଅଭିଶପ୍ତ
କାଳ ରାତି, ଆଜି ରାତି କାଲିକି' ନ ଥିବ,
ଆସଂତାକାଲିର ଯଂତ୍ରଣାଜର୍ଜର ଅଶୁଭ ଓ ଅମଂଗଳ ଭୟାବହ
ରାତି ଆମ ଟିକି ପୃଥିବୀକୁ ଆସିଲା ବେଳକୁ
ଯୁଗଟିଏ ନିର୍ବିବାଦେ ବିତି ଯାଇଥିବ ।
ଯୁଗଟିଏ ବିତିଗଲା ପରେ ଯେ' ହୀନ ପାମରର ପୋଡ଼ା
କପାଳେ ଭଲ ଯୋଗ ଆଉ ଥିବ କି' ନ ଥିବ
କିଏ ବା' କହିବ ॥

॥ ୬ ॥

କାଳ ରାତି ପାହିବ ପାହିବ ହୋଇ ଆମ
ଅଜାଣତେ କେତେବେଳେ ପାହି ସାରିଥିବ,
ଆଜି ରାତି ପାହିଗଲା ପରେ ଆଉ କିଛି ବୋଲି
କିଛି କଥା କାଲିକି' ନଥିବ
ଗୋପନତମ କଥାଟି ତମ ପାଖେ ଏକାନ୍ତରେ
କହିବି କହିବି ହୋଇ ସବୁଦିନ ପାଇଁ
ଅକୁହା ହୋଇ ରହିଯିବ ।

ତମେ ମୋର ଚଉରିକଡ଼େ ମାୟାମେଘ ପରି
ଘନିବୃତ୍ତ ହୋଇ ରହିଥିବା ଯାଏଁ ଭାରି
ଦୁଃଖ ଭାରି ନଟକୁଟିଆ ଲଂପଟ ସମୟ
ବାଗ ଓର ଉଂଡ଼ି କେତେବେଳେ ବାଟେବାଟେ
ଆସେ କେତେବେଳେ ପୁଣି, ବାଟଘାଟ ହୁଡ଼ି
ଅବାଟବାଟରେ ଯାଏ ଜଣାପଡ଼େ
ନାହିଁ । ତମେ ମୋ ପାଖରୁ ଅପହଂଚ ଦୂରତ୍ୱରେ
ରହିଥିବା ଯାଏଁ ଯେତେ ହାତ ବଢ଼େଇଲେ
ନିର୍ମୋହ ଆକାଶ ପରି ମୁଁ
ତମକୁ ଜମା ଛୁଇଁ ପାରେନାହିଁ ।

ତମ ଶ୍ୟାମ ଶ୍ରୀଅଂଗକୁ ଛୁଇଁବି କି, ନ
ଛୁଇଁବି ଭାବି ବସିଲା ବେଳକୁ ଉତ୍‌କଂଠା
ଓ ଉଦ୍‌ବେଗରେ କେତେବେଳେ ରାତି ବିତିଯାଏ,
ରାତି ଯେତେ ବିତିବିତି ଯାଏ ତା'ଠାରୁ
ଅଧିକ ଦୁଃଖପ୍ରଦ ଯଂତ୍ରଣାଜର୍ଜର ରାତି ପଳପଳ
ମୋ ଆୟୁଷ କ୍ଷୟ କରିଦିଏ
ଗୋଟିଏ ଚାଉଳେ ଗଢ଼ା ସୁଠାମ ସୁଂଦର ଅନିର୍ବଚନୀୟ

ମୃଣ୍ମୟୀ ଦେବୀ ପ୍ରତିମାଟି ପରି ତ ପୁଣି, କେତେବେଳେ
ଭୂତ ପ୍ରେତ ପିଚାଶୁଣୀ ପରି ନିଜ
ମର୍ଜିରେ ମତେ ଦିନରାତି ନିର୍ଘୂମ ନଚାଏ ।

ଯେଉଁ ବେଶଭୂଷା ଓ ଆୟ ଅଳଂକାରରେ ନିଜକୁ
ସଜେଇ ଭବଲୋକରେ ତମେ ଯେଉଁଠି
ଥାଅ ପଛକେ ଉଚ୍ଛୁର ନ କରି ସହଳସହଳ ଆସ
ଓ ଗାଢ଼ ଆବେଗରେ ମୋ' ଶେଥା
ଓଠରେ ଶେଷଥର ପାଇଁ ଚୁମାଟିଏ ଦିଅ ।
ଯେ' ଅନାବରିତ ନିସ୍ତରଂଗ ଚେହେରାକୁ ଘଡ଼ିଏ ଅନେଇ
ଦେଖ ଓ ଦେଖ, କେତେ କୁତ୍ସିତ ଓ ବିବର୍ଣ୍ଣ
ଦିଶୁଛି ମୋ ରୋଗା ଓ ପାଂଡୁର ମୁହଁ ଯାହା
ଦିନେ ତମ ପାଇଁ ଥିଲା ଜୀବନ ଓ ମୃତ୍ୟୁଠୁଁ ବଳି
ଅତି ପ୍ରିୟ, ଅତି ଲୋଭନୀୟ
ଫୁଲ ପାଖୁଡ଼ାରେ ବଂଦୀର ଜୀବନ କାଟୁଥିବା ଅଂଧ
ପ୍ରଜାପତି ପରି କ୍ଷଣକ୍ଷଣ ମୁଁ ଏଠି ହେଉଛି
ଅଧୈର୍ଯ୍ୟ ଅଥୟ ॥

॥ ୭ ॥

ଆଜି ରାତି କୋଟିକୋଟି କଳ୍ପଣାର ଅଂତହୀନ
ଅଭିସାର ରାତି, ଆଜି ରାତି କାଲିକି ନଥିବ ।
ଆସଂତାକାଲିର ଅଭିଶପ୍ତ ରାତି ଆମ ପୃଥିବୀରେ
ପାଦ ରଖିଲାବେଳକୁ କେତେ ଯୁଗ କେତେକେତେ
ମନ୍ୱଂତର ଦେଖୁଦେଖୁ ବିତି ସାରିଥିବ
ନିର୍ଦ୍ଦୟ ନିଷ୍କରୁଣ ଏ ସମୟ କାହାକୁ ଅପେକ୍ଷା ନ କରି
ଦ୍ରୁତ ଅଶ୍ୱାରୋହୀ ପରି ତା ବାଟେବାଟେ
ଧାଉଁଥିବ, ପ୍ରେମ ଓ କରୁଣାର ରଂଗାରଂଗ

ଉତ୍ସବରେ ଠିଆଉଭା ଠାକୁରାଣୀ ପରି ତମେ
ଅନେକ ଦୂରରୁ ଅବିକଳ ଦିଶି ଯାଉଥିବ
ସେଇ ଦେଖା ଆମେ ଭୋଗକରି ସାରିଥିବା ଓ ଭୋଗିବାକୁ
ବାକୀ ରହିଥିବା ଜୀବନକାଳର ସବାଶେଷ
ଦେଖା ହେବ । ଶେଷ ଦେଖା ନହେବା ଯାଏଁ ତମେ
ଏତେ ସହଜରେ ଏଠୁ କ'ଣ ମୁକୁଳି ପାରିବ ?

ଶେଷବେଳା ଅକସ୍ମାତ୍ ଆସିଗଲେ ଆମେ କେହି
କ'ଣ କାହାପାଇଁ ଆଉ ଉଜାଗରେ ବସି ରହିଥିବା ?
ବର୍ଷବର୍ଷ ତଳୁ ଖୋଲାମେଲା ହୋଇ ପଡ଼ିଥିବା ପସରାକୁ
ବାଂଧିବୁଂଧି ଫେରିବାଲାପରି ଯିଏ ଯାହା ବାଟେବାଟେ
ଯିବା । ପସରା ମୁଂଡ଼େଇ ଯିବାକୁ ତର ସହୁ ନଥିଲାବେଳେ
ଏତେ ଭିଡ଼ ଭିତରେ ତମ ତୋଫା ଗୋରା ମୁହଁ
ଆଉ କ'ଣ ମତେ ଦିଶୁଥିବ, ସିଂଦୂରା ଫାଟିବା ଆଗୁଁ
ଶ୍ରୀଅଂଗରୁ ଖୋଲି କାଢ଼ି ରଖିଥିବା ଆୟଅଲଂକାରମାନ
ଗୋଟିଗୋଟି କରି ତମେ ପିଂଧୁଥିବ, ନିଜ ଛାତି ନିଜ
ଓଠ ମୁହଁ ଓ କପାଳକୁ ଦେଖିବା ମାତ୍ରକେ
ଅଜଣା ଭୟରେ ଗୋଟିପଣେ ଥରି ଉଠୁଥିବ
ପର୍ବ ନ ସରିବା ଯାଏଁ ପରାର୍ଦ୍ଧ ପରାର୍ଦ୍ଧ ଯୁଗ
ମୁଂଡ଼ ପାତି ପଡ଼ି ରହି ଏଠି ଭୋଗିବାକୁ ହେବ ।

ଯେତିକି ସମୟ ନୀରବରେ ବିତିଯାଉଥିବ
ସେତିକି ସମୟ ଯାଏଁ କୋମଳ ପତ୍ରାବଳୀ ପରି
ତମ ଦେହ ମନ ଥରକୁଥର ଥରି ଉଠୁଥିବ
ଥରଥର ଅବସ୍ଥାରେ ଏତେ ଜୋରରେ ତମେ
ମତେ ଭିଡ଼ି ଧରିବ ଯେ' ଅଂଟାରେ ପିଠିରେ
ଥାନଅଥାନରେ ମୋର ରକ୍‌କିନା ରକା ପଶିଯିବ

ପୁରୁଣା ଲୁଗା ଖଂଡ଼େ ପରି ମୁଁ
ଖାଲି ଏଠି ପଡ଼ି ରହିଥିବି ଯେ' ଘରର ଅଂଧାରି
କୋଣରେ ଯେଉଁଠି ଆମ ଭୂତ ଭବିଷ୍ୟତ ଆଗତ
ଓ ଅନାଗତ ସମୟ ବର୍ଷବର୍ଷ ତଳର ପୁରୁଣା
କ୍ୟାଲେଂଡ଼ର ଭଳି ମୁହଁମାଡ଼ି ଫଡ଼ଫଡ଼
ଶବ୍ଦ କରୁଥିବ, ଛଳନାର ଝିଲିମିଲି କମକୁଟକରା ଘରେ
ମନସ୍ତାପେ ଦିନରାତି ବିତି ଯାଉଥିବ, ଯେଉଁଠିକି
ବା' ଯେଉଁଠାରୁ ଆମ ଯିବା ଆସିବା ବାଟ ପ୍ରତି
କ୍ଷଣ ଏକାଭଳି ଲାଗୁଥିବ ।

କି ଦିନ କି, ରାତି ସାତସହସ୍ର ଦିନରାତି ପରି ଲାଗୁଥିବ
ଗହଳ ଚହଳ ଭିତରେ, ଦିନକାଳ ଦେଖୁଦେଖୁ
ସରି ଆସୁଥିବ ଖାଁ ଖାଁ ଲାଗୁଥିବା ଛୋଟ ଷ୍ଟେସନ୍
ପରି ଯେ' ନିର୍ଜନ ନିଷ୍କରୁଣ ଗାଆଁରେ ॥

॥ ୮ ॥

ମୁଁ ଜାଣେଜାଣେ ତମ ଥିବା ନଥିବାରେ ନୂଆ
କିଛି ଆଉ ଯେ' ଭାଗ୍ୟରେ ଘଟିବାର ସଂଭାବନା
ନାହିଁ, ଯାହାଯାହା ସବୁ ଘଟିବାର ଥିଲା କାହିଁ କେତେ
ବର୍ଷ ତଳୁ ଗୋଟିଗୋଟି କରି ଘଟିସାରିଲାଣି
ଯୁଆଡ଼େ ଅନେଇ ଦେଖ ସେଆଡ଼େ ଅଚଳାଚଳ
ଜଗତ୍ ମାଇଲମାଇଲ୍ ଧରି ନୀରବ ନିଶ୍ଚଳ, ପଦ୍ମ
ପତ୍ରେ ଢଳଢ଼ଳ ଜଳବିଂଦୁ ପରି ତମେ ମୁଁ ଯିଏ ଯାହା
ବାଟେ ନିଜନିଜ ଜିଦିରେ ଅଟଳ, ଭାଂଗି ପଡୁଥିବା
ଗୋଟାଗୋଟା ଗାଢ଼ନୀଳ ଉର୍ମିମାଳାପରି ଅବ୍ୟକ୍ତ
ଯଂତ୍ରଣାରେ ତନୁମନ କ୍ଷଣେ ସ୍ଥିର କ୍ଷଣକେ ଅସ୍ଥିର ।

ମୂଢ଼ ଅକିଂଚନ ପରି ମୁହଁମାଡ଼ି ପଡ଼ିଅଛି
ରଣଭଣ ଅବର୍ଜିଆ ଘରେ, ଭୂତ ଭବିଷ୍ୟତ
ଦ୍ରଷ୍ଟା ଜନ୍ମଜାତକର ଫଳାଫଳ କଷି ସାଂତ୍ୱନା
ଟିକେ ଦେବାକୁ ନାହାଂତି ପାଖରେ, ପୂର୍ବ
ଜନ୍ମାର୍ଜିତ କର୍ମଫଳସବୁ ଭୋଗିବାକୁ ହେବ ଏଠି
ଯାହା ଲେଖା ହୋଇ ରହିଛି କେବେଠୁଁ
ଅଲିଭା କାଳିରେ ।

ବାକ୍‌ଶକ୍ତିହୀନ ବାବଦୂକ ଯେ' ମୂଢ଼ ପାମର
ରହସ୍ୟର ରସଘନ ରହସ୍ୟ ବୁଝି ନବୁଝିଲା
ଭଳି କେତେବେଳେ ମୂକ ବଧୀର ତ ପୁଣି,
କେତେବେଳେ ଅକାତକାତ ପାଣିରେ ମଂଗପାତି
ଭାସୁଥିବା ଫଟା ହୁଲିଡ଼ଂଗା ପରି କ୍ଷଣେ ସ୍ଥିର,
କ୍ଷଣକ୍ଷଣକେ ଅସ୍ଥିର । ତଥାପି, ଚିରକାଳ ଅନାବରିତ
ସାଢ଼େ ସାତ ଫୁଟର ଦୁର୍ଲଂଘ ଶରୀର କଅଁଳ
ଛନଛନ ଦୁବଘାସ ପରି କେବେ ଛଳଛଳ ତ
କେବେ ପୁଣି, ଟାଂଗର ମୁଂଡ଼ିଆ ଭଳି ନିଜ
ଭାବରେ ନିଜେ ଅଚଳ ଅଟଳ ।

ଶେଷଥର ପାଇଁ ପାରିବ ଯଦି ତ ଥରେ ଆସି
ଦେଖି ଯାଅ ଦିନେ ଯାହା ଥିଲା ତମର ଅତି
ପ୍ରିୟ, ଅତି ଆପଣାର, କ'ଣ ଥିଲା ଯେ' ଶରୀର
ଦିନ କେତେଟା ଭିତରେ କ'ଣ ହେଲାଣି, ଯେମିତି କୋଉ,
ପ୍ରାଚୀନ ଦଲିଲର ଅଧା ଦୃଶ୍ୟ, ଅଧା ଅଦୃଶ୍ୟ ପାଣିଚିଆ,
ଫିକା ହସ୍ତାକ୍ଷର ।

ଦିନେଦିନେ ଭାରି ଛଟପଟ ଲାଗେ, ଭାରି କ୍ଲାନ୍ତ, ଭାରି
ଅବଶ ଲାଗେ ମୁଂଡ଼ଫଟା ଡହଡ଼ହ ଟାଣ ଖରାବେଳେ

ପୁଣି, କେତେବେଳେ ଆଦ୍ୟ ଆଷାଢ଼ର ମାଳମାଳ
କଳାହାଂଡ଼ିଆ ମେଘ ବାରି ଅଗଣାର ଯୁଇ ଡାଳେ
ଦୁମ୍‌ଦୁମ୍ ବର୍ଷୁଥିଲାବେଳେ ।
ତମ ସ୍ମୃତି ଅଥୟ ଉଚ୍ଚାଟ କରେ ମତେ ମୁଁ କ'ଣ
ଥାଏ କି ଆଉ ମୋ ଅପୂର୍ବପୂର୍ବ ଭାଗ୍ୟ ନେଇ ନିଜ
ଆୟତରେ ? ଆଦ୍ୟ ଆଷାଢ଼ କି, ଘନଘୋର ଧାରା ଶ୍ରାବଣରେ
ନିଃଶ୍ୱାସପ୍ରଶ୍ୱାସ ବେଳୁଁବେଳ ଥମ୍ ପଡ଼ିଯାଏ,
ରହିରହି ମଝିରେମଝିରେ ଅଣଚାଶ ପବନ ବହେ,
ଆତ୍ମବିଶ୍ୱାସର ସ୍ଫଟିକରେ ଗଢ଼ା ବଂଧବାଡ଼ ଆଖି
ସାମନାରେ ଚାହୁଁଚାହୁଁ ଭାଂଗିରୁଜି ଯାଏ
ସ୍ୱପ୍ନ ନଦୀ ଦୁଇ କୂଳ ଉଛୁଳାଇ ବହୁଥାଏ
ଛମ୍‌ଛମ୍ ତାଂଡ଼ବ ନୃତ୍ୟରେ, ପ୍ରଳୟ ଜଳରେ
ଭାସୁଥିବା କୁଟାଖିଏ ପରି ନା ମୁଁ ଏ କୂଳର
ହୁଏ ନା, ସେ କୂଳର ହୁଏ ।

॥ ୯ ॥

ରାତିରାତି ଗ୍ରହନକ୍ଷତ୍ର ଖଚିତ ନିଥର ନିର୍ବାକ୍ ନୀଳ
ରାତି, ରାତି ନୁହଁ, ରମଣ ପର୍ବର ଶୋକଜର୍ଜର
ଗୋଟେ ମହାକାଳ ରାତି !

ଅପହଂଚ ଆକାଶର ଝିଲିମିଲି ସାମିଆନା ତଳେ
ଲାବଣ୍ୟ ଜରଜର ତମ ଅପରୂପ ମୁହଁ କେତେ ଫିକା
ଓ କେତେ ଉଦାସ ଦିଶେ ଅଧା ଛାଇ ଅଧାଅଧା
ଜହ୍ନ ଆଲୁଅରେ । କାଶତଂଡ଼ୀ ଫୁଲ ପରି ଧୋବ ଧଉଳା
ଦିଶୁଥିବା ମୁହଁଟି ତମର କି, ଆଉ କାହାର
ଜାଣିବା ଅସହଜ ଲାଗେ
ବର୍ଷବର୍ଷ ଧରି ଚାଳିଶ ବର୍ଷ ବିତିଯିବା ପରେ ।

ଚାଳିଶ ବର୍ଷ ପରର ଉତ୍ତୀର୍ଣ୍ଣ ବୟସରେ ଭାସମାନ
ଖଣ୍ଡ଼ଖଣ୍ଡ଼ ବନ୍ଧ୍ୟା ମେଘ ପରି ତମେ ଦିଶ
କେତେବେଳେ ଜୀର୍ଣ୍ଣଶୀର୍ଣ୍ଣ ଧୂସର ମଳିନ ତ
ପୁଣି, କେତେବେଳେ ସଜଳ କଜଳ
ଘନାଂଧକାରରେ ଉଜ୍ଜ୍ୱଳ ଓ ଅମଳିନ ।
ନିର୍ଜନ ବେଳାରେ ଏକାଏକା ନିଶବଦ ଘରେ
ନା, ମୁଁ ବଂଚି ପାରୁଛି
ତମ ଅନୁପସ୍ଥିତିରେ ତମରି ସ୍ମୃତିରେ
ନା, ମୁଁ ମରି ପାରୁଛି ଦୁର୍ଘଟଣାଗ୍ରସ୍ତ
ଅସହାୟହୀନ ଜନ ପରି
ସ୍ମୃତିବିସ୍ମୃତିର ଦୋଛକି ରାସ୍ତାରେ ।

ଦୁଃଖଦ ଅତୀତର ଅଭୁଲା ଅପାଶୋରା ସ୍ମୃତି
ଶାଣଦିଆ ତୀକ୍ଷ୍ଣ ତୀର ପରି ପ୍ରତି
କ୍ଷଣରେ ମୋର ସର୍ବାଂଗ ଦହୁଛି, ଇଷତ୍
ବାଦାମୀ ରଂଗର ଲହଲହକା
ସ୍ଥୁଳ ଶରୀର ବିରହ ଅନଳେ ଜଳିପୋଡ଼ି ଯାଇ
ଦେଖୁଦେଖୁ ଭସ୍ମ ପାଲଟୁଛି
ବିଶ୍ୱାସର ଯଜ୍ଞକୁଂଡ଼ରୁ ପୁନଃର୍ଜୀବନ
ନେଇ ନିଜ ସ୍ଥିତି ନିଜ ଠାବ ଓ
ଠିକଣା ଖୋଜିଲୋଡ଼ି ନୂଆକରି ଜାହିର କରୁଛି ।

ଆମେ ଦୁହେଁ, କଥା ନୁହେଁ, ଅକଥାରେ ନିଜ ନିଜକୁ
ଭୁଲ୍ ବୁଝି କିଏ କୋଉ ଅଗମ୍ୟଗମ୍ୟ ମାର୍ଗରେ
ଲକ୍ଷ୍ମୀଛଡ଼ା ପରି ଯା' ଆସ କରୁଛେ ।
ତମେ ବା' ମୁଁ କୋଉ
ଅଜଣା ଅଚିହ୍ନା ବାଟରେ ବାରଦ୍ୱାର ବୁଲୁଥିବା

ଭିକାରିଟି ପରି ସକାଳୁ ସଂଜ ଯାଏଁ
ଘୂରି ବୁଲୁଛେ ଯେ' ଆମେ ଜାଣିଶୁଣି
ଅର୍ବୁଦ ଅର୍ବୁଦ ବର୍ଷ ଭୁଲି ଯାଉଛେ !

ଯୁଆଡ଼େ ଦେଖ ସେଆଡ଼େ ତମ ଅପାଶୋରା ସ୍ମୃତି
ଧରିବାଂଧି ରଖିଥାଏ ମତେ ଗାଢ଼ ଆବେଗରେ
ଘନନୀଳ ଅପରାଜିତାର ପ୍ରସ୍ତପ୍ରସ୍ତ ନୀଳ ପାଖୁଡ଼ାରେ,
ବା' କେତେବେଳେ କଟା ଗୁଡ଼ି ପରି ପୁଣି,
ତଳଉପର କରୁଥାଏ ଗାଢ଼ ନୀଳ ଆକାଶଲୋକରେ ।
ଗାଂଧାର ରାଗର କୋମଳ ମଧୁର ପର୍ବ କୋଉଠି
ନା, କୋଉଠି ଦିନଦିନ ରାତିରାତି ଧରି ଚାଲିଥାଏ
ଆମ ଅଗ୍ୟାଂତରେ ।
ସହସ୍ର ସହସ୍ର ଜନ୍ମ, ଶତସହସ୍ର ଜନ୍ମମୃତ୍ୟୁ
ପୂର୍ବବର୍ତ୍ତୀ ଜନ୍ମମାନଂକରେ ନିଜ ଭାଗ୍ୟ
ନିଜ କର୍ମଫଳ ଭୋଗ କରିବାକୁ ହୁଏ
ଅବାକ୍ ବିସ୍ମୟ ବିଷାଦବୋଧରେ, ନିଷ୍ପ୍ରଦୀପ
ଜୀବନର ନୁଖୁରା ସଳିତା ଦିନୁଦିନ ଲିଭିଲିଭି ଯାଏ
ହାଟବାଟ ଡୁଠ କି, ପଠାରେ ।

ଶୂନ୍‌ଶାନ୍ ମଶାଣି ପଦାରେ ତମ ପିଂଧା ଅଂଗବାସ
ଗୋଟିଗୋଟି କରି ଧୂଳିମାଟିରେ ଲୋଟୁଥିଲାବେଳେ
ଉଦ୍‌ଭ୍ରାଂତ ଭଂଡ଼ ଅଥଚ,
ଖର୍ବକାୟ କାପାଳିକ ଅଧା ଖୋଲା ଅଧା ମୁଜା ଲୋଭନୀୟ
ତମ ଶ୍ରୀଅଂଗକୁ ଅପେକ୍ଷାରେ ଚାହିଁ ବସିଥିବ ଉତ୍କଂଠାରେ
ଶେଷ ଶରଦର ମୁଗ୍ଧ-ଚକିତ ରାକା ରଜନୀରେ ॥

॥ ୧୦ ॥

ସନ୍ନ୍ୟାସ ନେବାର ଋତୁ : ନିର୍ଲିପ୍ତ ଶରଦ
ସଂଭୋଗ ପର୍ବର ଋତୁ : ନିଥର ଶରଦ
କାମନା ଫୁଲର ଋତୁ : ନିଷ୍ପାପ ଶରଦ
ଅଳସୀକନ୍ୟାର ଋତୁ : ନିର୍ମମ ଶରଦ ।

ଶରତର ଗଂଧହୀନ ଉଦ୍‌ଭ୍ରାଂତ ରାତିରେ
ବ୍ରହ୍ମକମଳ ଫୁଲ ପରି ଝରିଝରି ଯିବ ପଛେ
ଯାଅ, ଯେଉଁଠୁ ଆସିଥିଲ
ସେଇଠିକି ପୁଣି ଫେରିଯାଅ ।

ଯେତେ ଯାହା ପାପପୁଣ୍ୟ ଅର୍ଜିଥିଲ ରାତିକ ଭିତରେ
ନିଜ ପିଂଧା ପଣତକାନିରେ ସାଉଁଟିପାଉଁଟି ମନ
ମୁତାବକ ବାଂଧିବୁଂଧି ନିଅ ।
ଯାଅଯାଅ, ଅପଗଂଡ଼ ମୂଢ଼ ସ୍ୱାମୀ, ଅସହିଷ୍ଣୁ
ପୁଅବୋହୂ, ଶ୍ରୀଅକ୍ଷର ବିବର୍ଜିତା ଗାଉଁଲି ଶାଶୂ,
କଲେଜ ମାଡ଼ି ନଥିବା ଫୁଲେଇ ନଣଂଦକୁ ଯେତେ
ପାର ସେତେ ଡାହା ମିଛ କହି ସଅଳସଅଳ
ଯାଅ, ଅବଶିଷ୍ଟ ଦିନକାଳ ହସଖୁସିରେ ଜୀବନ
ବିତାଅ । ଯାଅଯାଅ, ନିଡ଼ର ଓ ନିର୍ଭୟରେ ଯାଅ ।

ଘମାଘୋଟ ଚିକିମିକି ଅଂଧାରି ରାତିରେ
ତମର ଏଠିକି ଆସିବା, ମଝି ବାଟରୁ ବାଟବଣା
ହୋଇ ପୁଣି, ଫେରିଯିବା, ଆସିବା ଓ ଯିବା ବାଟରେ
ଯେତେ ଯାହା ଘଟିଗଲା ଦୁର୍ଭାଗ୍ୟବଶତଃ ସେଥିରେ
ଭାଂଗି ନଯାଇ ମାନଅଭିମାନ ଭୁଲି ଆଗକୁଆଗକୁ

ପାଦ ବଢ଼େଇବା, ଆଗକୁଆଗକୁ ପାଦ ବଢ଼େଇବା
ହିଁ ତମ ଭାଗ୍ୟ, ତମର ନିୟତି, ଦ୍ରୁତଗାମୀ
ରାତି ଟ୍ରେନ୍ ପରି ତମେ ଷ୍ଟେସନ୍ସୁ ଷ୍ଟେସନ ଡେଇଁ
ସଅଳସଅଳ ଯିବା ହିଁ ସମୟର କ୍ରୂର ରାଜନୀତି ।

ତମେ ଯିବା ପରେ କେହି ଜଣେ ଚିତ୍ରକର
ବାସି ପିଠଉରେ ଆଂକିଦେଇ ଯାଇଛି ତମ କୁନିକୁନି
ଲକ୍ଷ୍ମୀପାଦ ସାରାଘର ଓ ବାହାର
ମଧୁମାଳତୀ ଫୁଲଭାରରେ ବିମଂଡ଼ିତ କରି ସଜେଇଛି
କେଳିକୁଂଜ କୋଟି କଳ୍ପନାର
କୋଟିକୋଟି କଳ୍ପନାର ଅନାହତ ଅଳକାପୁରୀରେ
କ୍ଷତବିକ୍ଷତ ଭୂଲୁଂଠିତ କେତେକେତେ ଘନକୃଷ୍ଣ କବରୀର
ଭାର, ରତିରଂଗରେ ଘନଘନ ସ୍ଫୁରିତ ଲାଲ ଟୁକୁଟୁକୁ
ତମ ରସଘନ ଆରକ୍ତ ଅଧର ॥

ଯିବା ବେଳ

ଯିବା ବେଳ ହୋଇଗଲେ କେହି କଣ
ଅଟକାଇ ରଖିପାରେ ?

ଯାହା ଘଟିବାର ଥିବ
ବିଳଂବରେ ହେଲେବି ନିଶ୍ଚୟ ଘଟିବ
ଯାହା ଭାଂଗିବାର ଥିବ, ଅସାବଧାନତା ହେତୁ ବା
ଅନ୍ୟ କେଉଁ କାରଣରୁ ଭାଂଗିରୁଜି ଯିବ,
ଟୁକୁରାଟୁକୁରା କାଚଗୁଂଡ଼ସବୁ ଶୀତରାତି ପରି
ପ୍ରତି ଲୋମ ମୂଳେ ଫୁଟି ଗଳିଯିବ
ଦେହସାରା କ୍ଷତ ହୋଇ ମୁଠାମୁଠା ଲାଲ ରକ୍ତ ନିଗିଡ଼ିବ
ଊର୍ଦ୍ଧ୍ୱଶ୍ୱାସ ପ୍ରଚଂଡ଼ ବହିବ ଓ ତଂଟି ଶୁଖି
ଅଠାଅଠା ହେବ ॥

ଯିବା ବେଳ ହୋଇଗଲେ ହାତୀ ଚଢ଼ି, ଘୋଡ଼ା ଚଢ଼ି
ମଟର ସ୍କୁଟର ଅବା, ରେଳଗାଡ଼ି ଚଢ଼ି ଯିବା ମଣିଷଟି
ତା' ଦୁଃଖକୁ ପାଇକରି
ଗଂଠିଲିରେ ବାଂଧିବୁଂଧି ଯିବ,
ତା' ଦୁଃଖରେ ମ୍ରିୟମାଣ ହୋଇ ଭାଇ ବଂଧୁ
ସାଥୀ ସହୋଦର ଚିହ୍ନାଜଣା ସଂଗାତ ମଇତ୍ର
ନାକ ସୁକୁସୁକୁ କରି ଟିକିଏ କାଂଦିବେ ଓ ଯିବା
ବାଟକୁ ଘଡ଼ିଏ ଅନେଇ, ଯିଏ ଯାହା କାମ ପାଇଟିରେ
ମାତିଯାଇ ସବୁ ଭୁଲିଯିବେ,

ଆହାଃ, ବିଚରା ସେ ଯିବା ମଣିଷଟି
ମଟରରେ ଗଲାବେଳେ ଧାଡ଼ିଧାଡ଼ି ଗଛବୃଛ, ମାଇଲ ଖୁଂଟି
ଦୋ' ଦୋ ଚିହ୍ନା ମୁହଁ ଦେଖି ଚମକି ଉଠିବ ଓ
କପାଳରେ ହାତମାରି ପଛ କଥାସବୁ
ହେଜି ହେଉଥିବ ଓ ତାର ଅଦୃଷ୍ଟକୁ ମନେମନେ
ଗାଳି ଦେଉଥିବ ॥

ଯିବାବେଳେ ମୁଁ ଦେଖିଛି ରୁବି ମୁହିଁ
ଉତୁରିଲା ଭାତହାଂଡ଼ି ପରି ଦିଶୁଥିଲା, ତାର କୁନିକୁନି
କଳା ଆଖି ଅତିଶୟ ଯଂତ୍ରଣାରେ ଶେଥା ପଡ଼ିଥିଲା,
ତା' ଓଠରୁ ସବୁତକ ହସ କିଏ ଚୋରିକରି
ନେଇଥିଲା, ଅତ୍ୟଧିକ ରକ୍ତସ୍ରାବ ଯୋଗୁଁ ତା ଗୋରା ଚକ୍‌ଚକ୍
ଦେହ ଫିକା ଦିଶୁଥିଲା,
ସଂଭବତଃ, କେତେ କଣ କହିବକହିବ ହୋଇ
ପଦୁଟିଏ କହି ନପାରିଲା ॥

ମୁଁ ତାକୁ ଏକାଏକା ଛାଡ଼ିଦେଇ ଆସିଛି
ଭଂଗା ମଟରରେ,
ପଡ଼ୋଶୀଏ ହସୁଛଂତି ମୋ ଦୁଃଖରେ ଫର୍ଚ୍ଚା
ଅଗଣାରେ, କୃଷ୍ଣକାୟ ଛାୟାମାନେ ମୋ ଦେହରୁ
ରକ୍ତ କାଢ଼ି ଯତନରେ ରଖୁଛଂତି ଭଂଗା ବୋତଲରେ ॥

ଦୂରତା କି ଛାର ?
କି ଲାଭ ମିଳିବ ଆଉ ଟିପି ରଖି ଈର୍ଷାନ୍ୱିତ
ବ୍ୟକ୍ତିଂକ ଠିକଣା,
କି ଲାଭ ମିଳିବ ଆଉ ସଂଦେହର କାଠଘୋଡ଼ା ଚଢ଼ି
ନଗର ଭ୍ରମିବା ॥

ସବୁ ମିଛ, ସବୁ ଭୁଲ୍
ଯାହା ଭୁଲ୍, ତାହା ଠିକ୍
ଯାହା ଲୟ ତାହାହିଁ ବିଳୟ,
ଯେଉଁଠୁ ଯା'ର ଜନ୍ମ
ତା'ର ମୃତ୍ୟୁ ସେଇଠାରେ
ଜନ୍ମମୃତ୍ୟୁ ଭିନ୍ନ ନୁହେଁ
ସତ୍ୟ ଚିରଂତନ,
ରୁବିରେ, ଏଇ ଆମ ପରିଚୟ
ଜୀବନ ଓ ମରଣର ଶେଷ ତିଳଚିହ୍ନ ॥

କେମିତିକେମିତି ଲାଗେ

କେମିତି କେମିତି ଲାଗେ, ରୁବି ଚିଠି ମିଳିବାରେ
ସାମାନ୍ୟ ବିଳଂବ ଘଟିଲେ, ପୋଷ୍ଟମ୍ୟାନ୍ ଆସିବାର
ବେଳ ଗଡ଼ିଗଲେ, ମଂଦିରରେ ଘଂଟି ଘଂଟା
କାହାଳୀ ବାଜିଲେ
ଉଦାସ ଆଖିରେ ଦେଖେ ଝର୍କା ଆଢୁଆଳୁ
ମଣିଷର ବଢୁରା ମୁହଁକୁ ।।

କୌଣସି କଥାରେ ଆଉ ମନ ଲାଗେ ନାହିଁ ।
ଡ୍ରଇଂରୁମ୍ ସଜେଇବା, କୋଲଡ଼କ୍ରିମ୍ ମାଖି
ଦର୍ପଣରେ ନିଜ ମୁହଁ ନିରେଖି ଦେଖିବା
ବା, ଧୂପକାଠିଟିଏ ଜାଳି
ଦୁଇ ଆଣ୍ଠୁ ପାତି ଈଶ୍ୱରଂକୁ ପ୍ରାର୍ଥନା କରିବା ।।

କେମିତି କେମିତି ଲାଗେ, ବାର୍ତ୍ତା ତା'ର ନମିଳିଲେ
ବା' ମିଳିବାରେ ବିଳଂବ ଘଟିଲେ, ମାନସିକ କରି
ଲାଂଚ ଦିଏ କାଠ କଂଢ଼େଇକୁ ଖାସ୍ ଏଇ
ବିଶ୍ୱାସରେ ଯେ' ଅପ୍ରାପ୍ତ ବସ୍ତୁଟି କାଲେ ମିଳିଯିବ
ମୋ ହାତ ମୁଠାରେ ।।

କିଏ ବା ସାଂତ୍ୱନା ଦେବ ?

କିଏ ବା ସାଂତ୍ୱନା ଦେବ
ଗାଲ ଚିପି, ବାଳ ସାଉଁଳେଇ
ମୁହଁ ପରେ ମୁହଁ ନଦି
ରାତିରାତି ଉଜାଗର ରହି
ରଜାଘର ଗପ କହି ମନ ଭୁଲେଇବ,
କିଏ ବା' ନିଜର ହୋଇ ଜଣେ ଏଠି ଅଛି
ଦୁଃଖରେ କାଂଦିବ
ହସଖୁସି ଆନଂଦରେ ଜଡ଼ିଯାଇ ଏକ ହେଉଥିବ ॥
ଏଠି ମୋର ଚାରିପାଖେ ମୁଠାମୁଠା ବହଳ
ଅଂଧାର, ଚଉହଦୀ ଦେଇ ବ୍ୟାପିଅଛି
ସମୟର ଶବଧାର
ଭିନ୍ନ ଭିନ୍ନ ସ୍ୱର ॥

ମୁଁ କି ଏକ ଶବ !
ରାତିରାତି ପାଲଟିଛି ସାକ୍ଷାତ୍ ମୁର୍ଦ୍ଦାର
ରାମନାମ ଶବଦରେ ମୁଖରିତ ଦଶଦିଶ ପର୍ବତ କାଂତାର ॥

ସମସ୍ତ ବଂଧନ କାଟି ମୁଁ ଶୋଇଛି କୁଂଭକର୍ଣ୍ଣ ପରି
ରତ୍ନପଲଂକରେ, କିଏ ବା' ନିଜର ହୋଇ
ଜଣେ ହେଲେ ଅଛି ଭେଳା ବାଂଧି ନଦୀପାର
କରିଦେବ ଡହଡ଼ହ ରକ୍ତ ସମୁଦ୍ରରେ,
ଅଶବ୍ଦ ଅକ୍ଷର ପରି ଏକାଏକା ଶୂନ୍ୟତାର
ପାହାଚ ଗଣୁଚି, ଶୂନ୍ୟକୁ ସିଡ଼ି ପକେଇ ଦେଖୁଅଛି

ସମୁଜ୍ଜ୍ୱଳ ଏକଇ ଇଲାକା
ଏକ ରାଜ୍ୟ, ଏକ ରାଜା
ଏକ ଭିନ୍ନ ଅନ୍ୟ କେହି ନାହିଁ
ସବୁ ଶବ୍ଦ ଅର୍ଥହୀନ
ସବୁ ଭାଷା ତୁଚ୍ଛା ପ୍ରହେଳିକା ॥

ଆଜି ଯଦି ରୁବି ମୋର ବସିଥାଂତା ହାତ
ପାଆଂତାରେ ଦୁଇ ପାପୁଲିରେ ରଖି ତାର ହସକୁରା
ଟିକି ମୁହଁ ଶୁଆ ପରି ଗାଉଥାଂତା ଅସ୍ପଷ୍ଟ ଶବ୍ଦର
ଗୀତ, ମୁଁ ପ୍ରଭୁ ତୁମକୁ ମୁଂଡ଼ରେ ବସେଇ ଧନ୍ୟଧନ୍ୟ
କରୁଥାଂତି ଓ ତୁମ ପୁଣ୍ୟ ନାମାବଳୀ ଗଳାରେ ଝୁଲାଇ
ନିତି ସଂଜ ସକାଳରେ ଗାଉଥାଂତି ଭଜନ, ସଂଗୀତ ॥

ମୁଁ ମାଗୁନି ପୁନର୍ଜନ୍ମ, ସ୍ୱର୍ଗରାଜ୍ୟ, ରତ୍ନ ସିଂହାସନ
ମୁଁ ମାଗୁନି ହୀରା ମୋତି ମାଣିକ୍ୟର ବୈଦୂର୍ଯ୍ୟ ଆସନ
ଏତିକି ମାଗୁଛି ମୋର ତୁମ ପାଖେ ପ୍ରଭୁ
ରୁବି ମୋର ହେଉ ଆୟୁଷ୍ମତୀ
ତା' ମନର ଆକାଶୁଁ ଦୂର ହେଉ ଅଂଧାରର ସୁଦୀର୍ଘ ରାଜୁତି ॥

ତମେ ଚାଲିଯିବା ପରେ

ତମେ ଚାଲିଯିବା ପରେ ସବୁ ଶୁନ୍‌ଶାନ୍
ବୋମାବର୍ଷୀ ବିମାନର ବାରୁଦ ଗଂଧରେ
ସବୁ ଅସ୍ପଷ୍ଟ, ଘର ଓ ବାହାର,

ଘରେ ଆଉ ଭିଡ଼ ନାହିଁ
କପ୍ ପିଆଲାର ଟୁଂ ଟାଂ ଶବ୍ଦ ନାହିଁ
ଖୁବ୍ ବେଶୀ ନୀରବତା ଲଂବିଅଛି ରାତିର
ଶେଯରେ, ଶୂନ୍ୟର ଦୋଳିରେ ଝୁଲି
ରାତି ଉଜାଗର ରହି ଆକାଶର ତାରା ଗଣୁଅଛି
ଲୋଭୀ ସୌଦାଗର ପରି ମୁଁ ହାଲୁକା ମନରେ ॥

ତମେ ଚାଲିଯିବା ପରେ ସବୁ ଅସହଜ, ସବୁ
ଗୋଳମାଳ, ଇତଃସ୍ତତ ବହିପତ୍ର, ଲୁଗାପଟା, ଜୀବନକୁ
ଦୁଇଫାଳ କରୁଥିବା କରତର ଦାନ୍ତ, ନିଷ୍ପ୍ରଦୀପ
ସହରରେ ଯଂତ୍ରଣାର ସ୍ୱର, ଟେଲିଫୋନ୍ ତାର ପରେ
ଡେଣା ଝାଡ଼େ ସ୍ମୃତିର ଇଗଲ ।

ତମେ ଚାଲିଯିବା ପରେ ନିଷ୍ଠୁର ସମୟ ଆସି ହେଲା
ଉପସ୍ଥିତ, ଭୟାନକ ଅସୁସ୍ଥତା, ଅସହଜ ଭାବ
ରକ୍ତରେ ରକ୍ତରେ କେଉଁ ଅଦୃଶ୍ୟ ସତ୍ତାର ଗୋପନ
ପ୍ରଭାବ, କେଡ଼େ ଦୟନୀୟ ଯଂତ୍ରଣାରେ ବିଦଗ୍ଧ-ହୃଦୟ
ଦୁଃଖ ଗ୍ଲାନି ଅବସାଦେ ଏ ଜୀବନ ଭରପୁର
ଚାରିଆଡ଼େ କ୍ଳାଂତ ପରାଜୟ ॥

ତମେ ଚାଲିଯିବା ପରେ
ଏ ଘର ଯେମିତି ଥିଲା ସେମିତି ଅଛି
ଅଶରୀରୀ ଆତ୍ମାଙ୍କର ମହୋତ୍ସବ ଦିନରାତି
ନିର୍ଧୁମ ଚାଲିଛି, ଝର୍କାର ପର୍ଦ୍ଦାସବୁ ପବନରେ
ଫଡ଼୍‌ଫାଡ଼୍ ହେଉଛି ଓ କେଉଁ ଆଦ୍ୟାଶକ୍ତିର
ପ୍ରଭାବେ ଏ ଘର ଆଖିପଲକରେ ଶ୍ମଶାନ ହେଉଛି
ଅଖଂଡ଼ ଶୂନ୍ୟତାହିଁ ରାଜୁତି କରୁଛି ॥

ଆଗ ପରି ଆଉ ଠିକ୍ ଭୋର୍ ସାଢ଼େ ଛ'ଟାରେ
ଚା'ମିଳୁନାହିଁ, ବେଡ୍‌ଲ୍ୟାଂପ ଜାଳି ମଶାରି ଭିତରେ
ଯାକିଯୁକି ଶୋଇବାକୁ ମନ ବଳୁନାହିଁ,
ସଭାସମିତିକୁ ଯିବାବେଳେ ଆଉ କେହି ଜଣେ
ତମ ପରି ବିବ୍ରତ ହେଉନି ବା' ଫେରିବା ବାଟକୁ
ମୋର ଚାହିଁଚାହିଁ ମୁହଁ ଫଣଫଣ କରି
ଅଝଟ କରୁନି ॥

ତମେ ଚାଲିଯିବା ପରେ ମୋର ଆଉ ଆଗ ପରି
ଦୁଷ୍ଟାମୀବି ନାହିଁ, କପ୍ ଡିସ୍ ଭାଂଗୁନାହିଁ, ଚାକର
ବାକରକୁ ଗାଳିବି ଦେଉନି, ଦାଂଡ଼ କବାଟରେ
ଠକ୍‌ଠକ୍ ଶବ୍ଦ କରି ରାତି ଅଧେ ତମ ନାଁ ଧରି ଡାକୁନି
ଠିକ୍ ସମୟରେ ଘଂଟା ଦେଖି ଘରକୁ ଫେରୁନି ॥

ତମେ ଚାଲିଯିବା ପରେ ସବୁ କିଛି ଓଲଟପାଲଟ
ବୁଢ଼ିଆଣୀ ଜାଲ ଓ ଅଳଂଧୁରେ ଭର୍ତ୍ତି ସାରା ଘର,
ଚଟାଣରେ ଏଣେତେଣେ ଖେଳିହୋଇ ପଡ଼ିଅଛି
ବହିପତ୍ର, ଲୁଗାପଟା, ଖଂଡିଆ ଚୁରୁଟ, ଅଧାଲଗା
କସ୍‌ମେଟିକ୍, ଆଇନାରେ ବେଳେବେଳେ ତମ ମୁହଁ
ଝଟକୁଛି ଦେବୀ ପରି

ଯେମିତିକି ତମେ ଅଛ, ତମେ ନାହଁ
ସମୟର ନିବୀ ବଂଧନୀରେ ॥

ଅହେତୁକ ଶୂନ୍ୟତାରେ କାହିଁକି ବା ଏ ମଣିଷ
ଏତେ ବେଶୀ ଦଗଧ ହୁଏ ତା' ନିଜର ପ୍ରିୟବସ୍ତୁ
ଅକସ୍ମାତ୍ ଅଂତର୍ଧାନ ହେଲେ ?
ମୁଠାମୁଠା ଉଦାସ ପବନ ସଯତ୍ନେ ବର୍ଦ୍ଧିତ ତାର
ଫୁଲ ବଗିଚାକୁ ଖିନ୍‌ଭିନ୍ କଲେ, ଫୁଲଫଳ
ଉଜାଡ଼ିଲେ, ଜବରଦସ୍ତ ଗଛ ହାଣି ଦେଲେ ?

ଏତେ ବେଶୀ ନିଃସଂଗତା କାହିଁକି ବା ଚରିଯାଏ
ଛାଇ ପରି ରକ୍ତ ଓ ସ୍ନାୟୁରେ ଯଦି ସେ ମୃତ୍ୟୁକୁ
ଦେଖେ ମୁହାଁମୁହିଁ ତା' ଆଖି ସାମନାରେ
ବା, ମୃତ୍ୟୁ ସାଂଗେ ଚୁପ୍‌ଚାପ୍ ରଫାନାମ କରି ବସେ
ଶୂନ୍ୟ ବଳୟରେ ॥

ଈର୍ଷା

ତା' ହାତରେ ଚକଚକ ନାଲି ଚୁଡ଼ି
ଦେଖି ମୋର ହଂସା ଉଡ଼ିଯାଏ
ମୁଁ ଜାଣେନି, କେଜାଣି କାହିଁକି
ଜହ୍ନ ରାତି ଆସିଗଲେ ପ୍ରତିଟି ରକ୍ତ କଣିକା
ଟକମକ ହୁଏ ॥

ତା' ବାଦାମୀ ଓଠରେ
ଚେନାଏ ହସର ଫୁଆରା ଦେଖି
ବିଜିଗୁପ୍ତ ପରି ମୁଁ ଉତ୍ତେଜିତ ହୁଏ
ଓ କ୍ଷଣକରେ ପବନ ପାଲଟେ ॥

ସବୁଠୁ ଆଶ୍ଚର୍ଯ୍ୟ କଥା ଯେ
ମୁଁ ରୁବିର ପ୍ରଥମ ଓ ଶେଷ
ପ୍ରେମିକ, ହାଡ଼ରେ ମଶାଲ ଜାଳି
ରାତି ବିତଉଛି
ବିଷାଦ ମାଧବ ପରି ନିତି ଲତା
ଗହଳିରେ ଅପେକ୍ଷା କରୁଛି ॥

ଦୃଶ୍ୟରେ ଦୃଶ୍ୟରେ

ମୁଁ ଛାଡ଼ି ଆସିଲିଣି ଦଶବର୍ଷ ହେଲା ରୁବିର
ସହର, ତା'ର ଯେତେ ପରିଚିତ ଓ ଅପରିଚିତ ଗଳି
କଂନ୍ଦି, ନାଳ ନର୍ଦ୍ଦମା, ଅରମା ଅସନା ଜାଗା, ଈର୍ଷା,
ଘୃଣା, ତିତିକ୍ଷା ଓ ଲୋଭନୀୟ ଦୋକାନ ବଜାର,
ପାଣିରେ ପଡ଼ିବା ଗାର ପରି ଟାଣଟାଣ ବିଦ୍ୱେଷର
ଶର, ପାଣିରେ ପଡ଼ିବା ଗାର ॥

ବ୍ୟବଧାନ ବେଶୀ କିଛି ନୁହେଁ, ଅଥଚ, ମୁଁ ନିଶାଖୋର
ଲୋକ ପରି ଭୁଲ୍‌ଭାଲ୍ ହିସାବ କରୁଛି, ଅରଣ୍ୟର
ଅଜଗର ସାଜି ସମୟ ବୃକ୍ଷରେ ଭିଡ଼ିମୋଡ଼ି
ହେଉଛି, ଯେମିତିକା ରାତି ଅଧେ କାନପାଖେ ଉଚ୍ଚାଟ
ସ୍ୱରରେ ଶୁଭେ ତା' ଖର ନିଃଶ୍ୱାସ
"ଭାବକୁ ଅଭାବ ପୁଣି ନିକଟକୁ ଦୂର" ॥

ଦଶବର୍ଷ ହେଲା ମୁଁ ଭୁଲିବାକୁ ଚେଷ୍ଟାକରି
ଭୁଲି ପାରୁନାହିଁ ରୁବିର ଠିକଣା, ବହୁ ପରିଚିତ
ଶଙ୍କର ଅଂଧ ବୁଝାମଣା
ରାସ୍ତା ବାଡ଼, ବସ୍‌ଷ୍ଟାଂଡ଼, କଚେରୀ କାଂଥରୁ ନାଲି ନେଳୀ
କାଗଜର ମାନଚିତ୍ର ସହରର ଲଫଂଗା ଟୋକାଏ କାଢ଼ି
ଗୁଡ଼ି କରିବେଣି, ପୁଣି କେତେଗୁଜବରେ ରୁବିର ସହର
ହଇଚଇ ହେବଣି, ବହୁକଥା ଯା' ଭିତରେ ଘଟି ସାରିବଣି ॥

ପ୍ରତି ରାତି ଶେଷ ପ୍ରହରରେ
ତମେ ତ କହୁଛ କଥା ଚୁପ୍‌ଚୁପ୍ କଥାବି କହିବ
ତମେ ମୋର ଦେହ ମନ ଶୀରାରେ ଶୀରାରେ ବିଷପରି
ଚରିଯିବ, ଅସହାୟ ଶିଶୁପରି ଅଥୟ କରିବ,
ମୁଠାଏ ଶୂନ୍ୟତା, ଅଳ୍ପ କିଛି ତିକ୍ତ ହାଓ୍ୱା ଓ ଅନଂତ
ନିଃସଂଗତା ଭରିଦେବ ମୋ ରକ୍ତ କଣିକାରେ,
ମତେ ଶୂନ୍ୟକରି
ଫମ୍ପା ଓ ହାଲୁକା କରି
ମୋ ସ୍ଥିତିକୁ ଅସ୍ୱୀକାର କରି ବିଧର୍ମୀ ସାଜିବ
ମଂଦିରରୁ ବାରଂବାର ମୂର୍ତ୍ତି ଚୋରି ହେବ
ଦଧିନଉତି ଚୂଡ଼ାରେ ଶାଗୁଣାର ଡେଣା ଫଡ଼୍‌ଫଡ଼୍ ଶବ୍ଦ,
ଶୁଭିବ, ଚାରିଆଡ଼ ଶ୍ରୀହୀନ ଦିଶିବ,

ନୀରବତା ଥରକୁ ଥର ହାତ ହଲେଇବ
ଚର୍ମସବୁ ଶୀଥିଳ ହୋଇବ
ପଂଚେଂଦ୍ରିୟ ବରଫ ପାଲଟି ଯାଇ ଆଖି ପତା
ଶେଥା ଦିଶୁଥିବ, ମୁଠାମୁଠା ବ୍ୟର୍ଥତାର ମଲ୍ଲିଫୁଲ
ବିଚ୍ଛୁରିତ ହେବ, ତମ ଦେହ, ତମରି ନିଃଶ୍ୱାସ
ବେଶଭୂଷା, ପରିପାଟି, ଅଗୁରୁ ଚଂଦନ ପୂର୍ବ ପରି
ଅସଜଡ଼ା

ମୁଁ ସାକ୍ଷାତ୍ ଏକ ବୈରାଗୀ ପୁରୁଷ ପରି
ତମ ମୁହଁ ଦେଖୁଥିବି ଥରଥର
ଯେମିତିକା ଅନୁଗତ ଭକ୍ତଟିଏ ଛଳଛଳ ଆଖି
କରି ଦେଖୁଥାଏ ଦୁଇଗୋଟି ଗାଢ଼ କଳା ଚକା
ଆଖି ଅରୁଣ ସ୍ତଂଭରୁ ।।

କେତେ ନିକଟରେ ଆମେ

କେତେ ନିକଟରେ ଆମେ, କେତେ ବା'
ଦୂରରେ, କେତେ ଅବା ବ୍ୟବଧାନ ଆମ
ଦୁହିଁଙ୍କର, ପୃଥିବୀରୁ ଆକାଶ ଓ
ଆକାଶରୁ ପୃଥିବୀ ପର୍ଯ୍ୟନ୍ତ ସବୁଆଡ଼େ
ଉଦାସ ଅଂଧାର
ଯଂତ୍ରଣାର ନୀଳ ବାଲୁଚର ॥

ତୁ ସ୍ତ୍ରୀ, ମୁଁ ସ୍ୱାମୀ, ମୁଁ ତୋର ଖିଆଲି
ଈଶ୍ୱର, ଆମ ପ୍ରେମ, ଆମ ସ୍ମୃତି ଦିଆନିଆ
ପ୍ରତିଶ୍ରୁତି, ଭିନ୍ନ ଏକ ଶତାବ୍ଦୀର
ଦୁର୍ଲ୍ଲଭ ନଜିର ॥

ତୁ ମତେ ଭର୍ତ୍ସନା କରୁ ସଂପର୍କର ବାଲିବଂଧ
ଗଢ଼ି, ମୁଁ ତତେ ସର୍ଜ୍ଜନା କରେ ବିଶ୍ୱାସର
ନଈରେ ପହଁରି,
କେତେ ନିକଟରେ ଆମେ କେତେ ବା'
ଦୂରରେ, କିଏ ଜାଣେ କାହାର ଠିକଣା,
ସ୍ୱପ୍ନରେ ସ୍ୱପ୍ନରେ ଆମ ସୃଷ୍ଟି ହୁଏ ଭୁଲ୍ ବୁଝାମଣା ॥

ଆମେ ଦୁହେଁ ହଜୁଅଛେ, ହଜୁଥିବା ଆମରି
ଭିତରେ, ସବୁ ଦୁଃଖ ମେଂଟିଯିବ ଆମେ ଆଉ
ନଥିବା ପୃଥ୍ୱୀରେ, ନ ଥିବବି ଚିହ୍ନବର୍ଣ୍ଣ ଆମରି
ସତ୍ତାର, ଧୂସର ଓ ଧୂମାଳ ବନରେ
ବେସାହାରା ମୃତ କବି ମୃତ ଶତାବ୍ଦୀର ॥

ଘାଟ

ଦିନେ ଅବେଳାରେ ନିଛାଟ ଘାଟକୁ
ତରବର ହୋଇ ଗଲି ।

ଘାଟ ନୁହେଁ ଅଘାଟରେ ପହଂଚିଲା
ବେଳକୁ ପ୍ରଥମେ ଯାହାଂକୁ ଭେଟିଲି
ତାଂକୁ ତ ବହୁ ପୂର୍ବରୁ କୋଉଠି ନା,
କୋଉଠି କୋଉ ଅଗମ୍ୟ ବାଟଘାଟ
ଅଘାଟଘାଟରେ କେତେ ସହସ୍ରବାର
ସ୍ୱପ୍ନ ବା ସ୍ୱପ୍ନଭଂଗ ପୂର୍ବ ମୁହୂର୍ତ୍ତରେ ଭେଟିଥିଲି ।

ପରିତ୍ୟକ୍ତ ଅଘାଟ ଘାଟରେ ଯାହାଂକୁ
ଭେଟିଲି ସେ ମୋର କିଏ କି ?
ଅଲିଅଲୀ ଜିଦିଖୋର ସୁଂଦରୀ ପତ୍ନୀ ନା,
ମୋ ପ୍ରଥମ ଓ ଶେଷ ପ୍ରେମିକା ନା, କୋଉ
କଳ୍ପନାପ୍ରସୂତ ସ୍ଫଟିକ ନଗରୀର ଲାବଣ୍ୟ ଜରଜର ରାଜଜେମା !
ଯେ' କେହି ହୋଇଥାଂନ୍ତୁ ପଛକେ ସେ'
ଚାହିଁଥିଲେ ନିଡ଼ରରେ ନିଛାଟ ଘାଟକୁ ନଆସି
ଅନ୍ୟ କୋଉ ଘାଟକୁ କଣ ଆସି ନଥାଂତେ ?
କିଂନ୍ତୁ, କାହିଁକି ବା ଆସିଥାଂତେ ? ଯେଉଁ
ଅଭେକା ବେଶରେ ଲୁଚିଛପି ସେ ଆସିଥିଲେ,
ମାଜଣା ବେଳର ଉଭା ଠାକୁରାଣୀ ଭଳି ସେ ଯେ'
ଜଳଜଳ ଦିଶୁଥିଲେ ସେକଥା ସେ କଣ ଜାଣି ନଥିଲେ !

ଧପଧପ ଜଳୁଥିବା ରୋଷଣୀ ଆଲୁଏ
ତାଂକ ଦୁଇ ଅପାଶୋରା ମୁଗ୍ଧ ନୀଳ ଆଖି ଗୁମ୍‌ସୁମ୍
ଆକାଶ ପରି ଲାଲ ଦିଶୁଥିଲା, ଗୋରା ତକତକ
ସୁଠାମ କପାଳ, ଥରଥର ଥରୁଥିବା ଓଷ୍ଠ ପତ୍ର ପରି
ସ୍ଫୀତ ଦୁଧଅଳତା ରଂଗର ଓଠ, ଅଧା ଦୃଶ୍ୟ
ଅଧା ଅଦୃଶ୍ୟ ଲୋଭନୀୟ ପୀନ ସ୍ତନ, କ୍ଷୀଣ କଟି
ଚିତ୍ରବିଚିତ୍ର ରୋମାବଳୀ ଓ ରସମସ ଅଂଗ ଅବୟବକୁ
ଦେଖି ଯେ କେହି ଦୀନହୀନ ମୂଢ଼ ପାମର
ଠାକୁରାଣୀଂକ ବ୍ୟତୀତ ଅନ୍ୟ କେଉଁ ରୂପଭେକରେ
ତାଂକୁ କ'ଣ ଦେଖିପାରୁଥିଲା ?

ନିଛାଟ ଘାଟରେ ଦିନେ ଆମର ସାମନାସାମନି
ଦେଖା ହୋଇଗଲା, ଦେଖା ହେଲାପରେ ଆମ
ଗାଆଁ, ଗାଆଁ ଆଖପାଖର ଖଂଡ଼ମଂଡ଼ଳ
ଭିତରେ ଆମ ସଂପର୍କକୁ ନେଇ ଅପକୀର୍ତ୍ତିର ହାଟ
ବସିଲା, ମିଛିମିଛିକା ହାଟରେ ରଂଗବେରଂଗର
ପସରା ମେଲେଇ ବସିଥିବା ଛୋଟମୋଟର ବେପାରୀଂକ
ଭିଡ଼ରେ କଥା ନୁହେଁ, କେତେକେତେ ଅକଥାର ଅପଚର୍ଚ୍ଚା ହେଲା ।

ଏମିତି ଦେଖିବାକୁ ଗଲେ ସେ ମୋର
ସତକୁସତ କିଏ କି ?
ତାଂକ ସହ ମୋ ସଂପର୍କ କେତେ ଦିନ, କେତେ
ମାସ, କେତୋଟି ବର୍ଷର ? ନା, ସେ ଇହ ପରକାଳର
ଅନୁଦାର ସାଥୀ ମୋର ନା, ଅଂତରଂଗ ସହୋଦର ।

କୋଉ ପୂର୍ବଜନ୍ମ ସୁକୃତରୁ ତାଂକ ପ୍ରେମେ ବଂଧା ପଡ଼ିଲା
ଦିନଠୁଁ କିଣା କିଂକର ପରି ପାଖେପାଖେ ଛାଇପରି
ରହିଛି ଯେ' ରହିଛି କିଂତୁ, ମୁଁ ତାଙ୍କୁ କେବେ
ଥରେ ହେଲେ କ'ଣ ସ୍ୱପ୍ନରେ ଭେଟିଛି ?

ବିନା ଦୋଷେ ଏତେ ପରାଭବ ଭୋଗିବାକୁ ଯଦି
ମୋ କପାଳେ ଲେଖାଥିଲା, ଯଦି ସାରା ଜୀବନ
ଓ ସାରା ମରଣକାଳ ଛଳଛଦ୍ମରେ ଜିଇବା ଛଡ଼ା
ଅନ୍ୟ କିଛି ଚାରା ନଥିଲା କେହି ଜଣେ ବି ମତେ
ବେଲୁସୁଁ କହି ପାରିଥାଂତେ "ଢେର ବେଶୀ ହେଲା,
ବାବୁ, ଏଥର ଯିବା ପାଇଁ ସଜବାଜ ହୋଇ ରହ ।
ଜୀବନକାଳଯାକ ତ ଅପାତ୍ରରେ ଦାନଧର୍ମ କଲୁ,
ଆଉ ଦେବାକୁ ତୋ ପାଖେ କଣ ଅଛି କି, ହାତ
ଝାଡ଼ିଝୁଡ଼ି ଦେଇ କେବେଠୁଁ ତୁ ପରା ବସି ରହିଛୁ ।"

ଝାଡ଼ ସଂସାର ରଣଭଣ ଗଳି ମୋଡ଼ରେ ମଲା ମୂଷା
ପରି ହାତଗୋଡ଼ ଜାକିଜୁକି ପଡ଼ିଥିଲାବେଳେ ସେ' ଚଂପକ-
ବରନୀ ଚାରୁହାସିନୀ କେବେ କ'ଣ ମୋ ପାଖେପାଖେ
ଥିଲେ ? ତଥାପି, ନିଛାଟ ଘାଟକୁ ପ୍ରତି ମୁହୂର୍ତ୍ତରେ ଆସି
ହାତରେ ନମାରି ମତେ ପଳପଳ କରି ମାରୁଥିଲେ ।
ମୁହଁକୁ ମୁହଁ ଦିଶୁ ନଥିବା ବଜ୍ର ବିଜୁଳି ଖଚିତ ବାଟରେ
ଏତେ କଷ୍ଟ କରି ଆଉ କାହିଁକି ଆସିଲ ? କଳା
ମିଚିମିଚି ଜୁଡ଼ାରେ ବାଂଧି ଦୟଣାର ମାଳ, ଗଳାରେ
ତୁଳସୀ, କପାଳେ ଚଂଦନର ଟିପା ଅବଶିଷ୍ଟ ଆୟୁଷ
ନେବାକୁ ଯୋଗିନୀ ବେଶରେ କି' ଆସିଥିଲ !
ହେ ସର୍ବମନୋହାରିଣୀ ଲାବଣ୍ୟବର୍ଣ୍ଣିନୀ, ହେ ମୃଗାକ୍ଷୀ
ତ୍ରିବଳୀଶୋଭିନୀ, ନୀଳୋତ୍ପଳ ପଦ୍ମମୁଖୀ 'ପଦ୍ମନୟନୀ' !
ତଂତ୍ରମଂତ୍ର ଗୁଣିଗାରେଡ଼ି କରି ଯେ' ହୀନଜନର ଜୀବନ
ନେବାକୁ ଯଦି ଆସିଥିଲ, ମତେ ଭୁଲିଭାଲି ଯିବା ପାଇଁ
ଅପୂଜା ଯୋଗିନୀ ମଂଦିରେ ଯଦି ପୂଜା ବ୍ରତ ଉପାସନା
କରୁଥିଲ, ତମେ ହେଲେ ଆସିଥାଂତ ଠିକ୍ ମୋ ଯିବା
ବେଳକୁ କିଂତୁ, କାହିଁକି ଏମିତି ଅବେଳାରେ ଆସିବାକୁ
ମନ କଲ, ବୁଢ଼ିଅସୁରୁଣୀ ପରି ଆସିଛ କି ନିଛାଟ
ଘାଟକୁ ପଳପଳ କରି ମୋର ରକ୍ତ ପିଇବାକୁ ? ॥

ବାନପ୍ରସ୍ଥ

ଯିବି କି, ନ ଯିବି ପ୍ରଥମେ ଥତମତ
ହେଲି, ତା'ପରେ ଘର ଝାଡ଼ି ଏକମୁହାଁ
ହୋଇ ବାହାରିଲି ।

ଦିନଦିନ ରାତିରାତି ଧରି ଖଟିଖଟି
ଗଢ଼ିଥିବା ଜାତିଜାତିକା ଫୁଲଫଳ ଭର୍ତ୍ତି
ବାଡ଼ି ବଗିଚାର ମୋହ ସବୁଦିନ ପାଇଁ
ଭୁଲିଗଲି । ସରକାରୀ ପେନ୍‌ସନ୍ ବହି,
ବ୍ୟାଂକ୍ ପାଶବୁକ୍, ତିଳକମଖା ମୋ
ବୋଉର କଳାଧଳା ବଂଧେଇ ଫଟୋ
ଆଜନ୍ମରୁ ବ୍ୟାଧିଗ୍ରସ୍ତା ରୋଗିଣୀ ସ୍ତ୍ରୀଂକ
ଚିକିତ୍ସା ସଂବଂଧୀୟ ଯେତେଯେତେ ପେସ୍‌କ୍ରିପ୍‌ସନ୍
ଦଂଡ଼େ ନଦେଖି ପାଦ ଓଠ ମୁହଁ ଚାଟି
ପକାଉଥିବା ବିଶ୍ୱସ୍ତ ଓ ଅନୁଗତ ଜେମ୍‌ସ୍‌ର
ଅଭିମାନଭରା କାଂଦକାଂଦ କଳା କିଟିମିଟି
ଗୋଜିଆ ମୁହଁ, ଶ୍ରୀହୀନ ଓ ବିବର୍ଣ୍ଣ
ଦିଶୁଥିବା ଓଡ଼ିଶା ସାହିତ୍ୟ ଏକାଡ଼େମୀର
ତାମ୍ରଫଳକ, ଘରପୋଡ଼ିରୁ କୁଟାଖିଏ ପରି
ବଂଚି ରହିଥିବା ପିତୃଅର୍ଜିତ ଭୂସଂପତ୍ତିର
ଯତ୍‌କିଂଚିତ ଦଲିଲ ଓ ଦସ୍ତାବିଜ୍ ଓ
ଅଧା ଲେଖା ଅଧା ଅଲେଖା କବିତାର ଶୀର୍ଣ୍ଣ
ପାଂଡୁଲିପିସବୁ ଛାଡ଼ିଛୁଡ଼ି ଦେଇ ବୈରାଗୀ
ଭ୍ରମର ପରି ଘରୁ ବାହାରିଲି ।

ଯିବା ଆସିବା ବାଟରେ ଯେତେଯେତେ
ମୋଡ଼ ବୁଲାଣି ଉଠାଣି ଗଡ଼ାଣି ପଡ଼ିଲା
ବାଟ ଅବାଟରେ ଯିବାବେଳେ ଯାହାଯାହାଂକ
ସାଂଗେ ଦେଖା ହୋଇଗଲା ନଦେଖିଲା
ପରି ମୁହଁ ଆଡ଼େଇଦେଲି ।
ଯାଉଯାଉ ହଠାତ୍ ଯେଉଁଠି ଅଟକି
ରହିଲି ସେଠି ଅଟକିବା ପାଇଁ ଘରୁ
ବାହାରିଲାବେଳେ ମୁଁ କ'ଣ
ମନେମନେ ସ୍ଥିର କରିଥିଲି ?

ମୁଁ ଯଦି ଚାହିଁଥାଂତି ଯିବା ବାଟରେ
ନଅଟକି ହୁଏତ ଆଉ କେତେ
ଯୋଜନ ବାଟ ଆଗକୁଆଗକୁ ବଢ଼ି
ରାଗ ତମତମ ଅବସ୍ଥାରେ ତମ ଘର ନିଶ୍ଚେ
ଖୋଜିକାଢ଼ି ବାହାର କରି ପାରିଥାଂତି

ତମ ଘର କିଂତୁ ଏପରି ଏକ ଅଜବ
ଧାତୁରେ ଗଢ଼ା ଯେ' ଯେତେ ଖୋଜାଖୋଜି
କଲେ ବି' ଏ ସହରେ ତମ ଘର
ସହଜରେ ମୁଁ ଆଦୌ ପାଇ ନ ଥାଂତି ।
ତମ ଘରର ସଂପୂର୍ଣ୍ଣ ଠିକଣା ମୁଁ
କେମିତି ବା ପାଇଥାଂତି ?
ଯେଉଁ ଘରର ଠିକଣା ଜାଣିଶୁଣି ଭୁଲି
ଯାଇଛି ସେ ଘରର ସଠିକ ଠିକଣା
କ'ଣ ଏତେ ସହଜରେ ପାଇ ପାରିଥାଂତି ?

ଭୁଲ୍ ଠିକଣାରେ ଯେତେଥର ଚିଠି
ଲେଖି ପଠାଇଛି ସେତେଥର ପ୍ରାପିକା
ଅନୁପସ୍ଥିତ ଥିବା କାରଣ ଦର୍ଶାଇ ସବୁ

ଚିଠି ମୋ' ପାଖକୁ ଶେଷରେ
ଫେରିଆସିଛି ।

ତମ ଘରର ଠିକଣା ନିର୍ଭୁଲ ଭାବରେ
ମତେ ଜଣାଥିଲେ ତମ ଘର ଛକର ପୂର୍ବ
ଛକରେ ଥିବା ଦୋତାଲା ଘରପାଖେ
ନଅଟକି ପତ୍ତା ଓ ଠିକଣା
ଜାଣିବା ପାଇଁ ପାଖପଡ଼ୋଶୀଙ୍କୁ
ଡାକିହାକି ପଚାରି ନିଶ୍ଚେ ବୁଝିଥାଂତି
ଓ ତାପରେ, ତମ ଘର ଠିକଣାରେ ପହଂଚି ଗେଟ୍ ଖୋଲି
ଭିତରକୁ ଯାଇ ପ୍ରଥମେ ତମକୁ
ଆଗ ଭେଟିଥାଂତି ।

ତମକୁ ଭେଟିବା ଆଗୁଁ ଯାହାକୁ ଭେଟିଲି
ସେ ଥିଲେ ତମ ପ୍ରିୟ ବାଂଧବୀ ।
ବହୁ କଷ୍ଟରେ ମତେ କହିଲେ, ଯାଅ ଯାଅ । ତମେ ଯାହାକୁ
ଖୋଜିଖୋଜି ନୟାଂତ ହେଉଛ ତା' ଘର ମୋ ଘର
ଆଗରେ, ସେଇଠିକି ଯାଅ, ତାଂକ କଥା ମାନି ମୁଁ ସେ
ଘରକୁ ଗଲି ଓ ଯାହାଂକୁ ଭେଟିଲି ତାଂକୁ ତ ଭିନ୍ନଭିନ୍ନ
ରୂପଭେକରେ ଏ ସହରରେ ଏଠିସେଠି
ବହୁବାର ଆଗରୁ ଭେଟି ସାରିଥିଲି ।
ବାଆଁ ହାତ ମୁଂଡ଼ ତଳେ ଦେଇ ଲୋଟାକୋଟା
ବିଛଣାରେ ଦକ୍ଷିଣ ଦିଗକୁ ମୁହଁକରି ସେ'
ଶୋଇଥିଲେ । ଅବଚେତନ ସ୍ତରରେ ଗୁମ୍‌ସୁମ୍
ଅବସ୍ଥାରେ ଥାଇ ବୋଧହୁଏ ଆଜେବାଜେ
ଏଣୁତେଣୁ ସ୍ୱପ୍ନ ଦେଖୁଥିଲେ । ମତେ
ଏତେ ଦିନପରେ ଦେଖି ନ ଦେଖିଲା ପରି
ମୁହଁ ବୁଲେଇଦେଇ ନିର୍ଲିପ୍ତ ରହିଲେ ।

ସ୍ୱପ୍ନରେ ସେ କେତେବେଳେ ହସୁଥିଲେ କେତେବେଳେ
ସ୍ୱପ୍ନରେ ସ୍ୱପ୍ନରେ କାଂଦକାଂଦ ଅବସ୍ଥାରେ କାହାସାଂଗେ
କଥା ହେଉଥିଲେ ।
ମୁଁ ତାଂକ ନାଆଁ ଧରି ଡାକିଲିନି କି, ମୁଁ କିଏ,
କଣ ମୋର ନାଆଁ ଗାଁ ପରିଚୟ କିଛି କହିଲିନି ।
ତାଂକ ମୁଂଡ଼ ପାଖେ ଚୁପ୍‌ଚାପ୍ ବସି ଝୋଟ
ଭଳି ଫୁରୁଫୁରୁ ଉଡୁଥିବା ଅସଜଡ଼ା ପାଚିଲା
ମୁଂଡ଼ବାଳକୁ ଧୀରେଧୀରେ ସାଉଁଳିଲି
ଓ ନିର୍ଦ୍ଦିଷ୍ଟ ତାଳ ଓ ଲୟରେ ଯାଉଥିବା ଆସୁଥିବା
ଖର ନିଃଶ୍ୱାସପ୍ରଶ୍ୱାସକୁ ଦେଖି
ମନେମନେ ଖୁବ୍ ଡରିଗଲି ।

ହାତଗୋଡ଼ ହଲୁ ନଥିବା ଅବସ୍ଥାରେ
ସାକ୍ଷାତ୍ ଜିଅଂତା ମୂର୍ଦ୍ଦାର ପରି
ବିଛଣାରେ ସେ ପଡ଼ି ରହିଥିଲେ ନା,
କୋଉ ଅଜଣା ଗ୍ରହରୁ ବଜ୍ର ଓ ବିଜୁଳି
ଖଚିତ ମାଣିକ୍ୟ ରଥରେ ବସି ଏ ଗ୍ରହକୁ
ଆସିଥିଲେ ? ଠାରରେ ଠାରରେ କୃଷ୍ଣବର୍ଣ୍ଣର
କୁତ୍ସିତ ବ୍ରାହ୍ମଣ ସାଂଗେ କେତେ କ'ଣ
ମନ ଖୋଲି କଥା ହେଉଥିଲେ ?
ନା, ମଢ଼କୁ ଶାଗୁଣା ଘେରିଲା ପରି
ତାଂକ ଚାରିପାଖେ ବସିଥିବା ଆତ୍ମୀୟ ସ୍ୱଜନଂକ
ପାଖେ ସାତତାଳ ପାଣିତଳେ ଥିବା
ବୁଢ଼ିଅସୁରୁଣୀ ବିଷୟରେ କେତେ କ'ଣ ଅର୍ଥହୀନ
ଗପ କହୁଥିଲେ ନା, ଗପଟିଏ କହିବାକୁ
ଯାଇ ମଝି ବାଟରେ ସେ ନିଜେ ନୂଆ ଚେତନାର
ଚମତ୍କାର ଗପଟିଏ ହେଲେ ?॥

ଥରେ ଯିବ କି ?

ଗାଁ ଛାଡ଼ି ଆସିଲା ବେଳକୁ ସେ' ପିଲାକୁ
ଏମିତି କେତେ ବର୍ଷ ହୋଇଥିବ କି ?
ଅତି ବେଶୀରେ ଏଗାର କି, ବାର ହୋଇଥିବ ।
ନିଶ ଦାଢ଼ି ଭଲକରି ଉଠି ନଥିବା ପିଲା
ଛଂଦକପଟ ମାୟାମମତାର ଅର୍ଥ କ'ଣ
ବା' ବୁଝିଥିବ ? ନାବାଳକ ଥିଲାବେଳେ
ତାକୁ ଯେ' ଦିନେ ତା' ଘର ବାଡ଼ି ବଗିଚା
ତୋଟାମାଳର ଡାଳିମାକୁଡ଼ି ଖେଳ, କେନାଲ
କୂଳିଆ ପିତୃଅର୍ଜିତ ସାଢ଼େ ଚାରି ଏକରର
ଦୋଫସଲି ଚାଷ ଜମି, କାର୍ତ୍ତିକ ସକାଳର
ହଳଦି ଗୁରୁଗୁରୁ ପହିଲି ଖେଚୁଡ଼ି ଭୋଗ
ଚୂନ ସିମେଂଟ ଖସି ବିବର୍ଣ୍ଣ ଦିଶୁଥିବା
ଗାଁ ଇଷ୍ଟ ଦେବତା ଶ୍ରୀ ରାଧାମୋହନ ଜୀଉଂକ
ମଂଦିର, ବଉଳ ଫୁଲର ସରିସରି ଗୁଂଥା ଗଳାମାଳ,
ପବନରେ ଭାସି ଆସୁଥିବା
ଲଉଡ଼ି ଗୀତର ସୁର ଇତ୍ୟାଦି ପଛରେ
ଛାଡ଼ି ଆସିବାକୁ ହେବ
ସେକଥା ସେ ପିଲା ଆଦୌ ଭାବି ନଥିବ ।

ଆସିଲାବେଳେ ଯେଉଁଯେଉଁ ଦୁର୍ଲ୍ଲଭ
ଦ୍ରବ୍ୟମାନ ତାର ଆଣିବା ନିହାତି ଆବଶ୍ୟକ
ଥିଲା ଯେମିତି, ବାପା ବୋଉଂକ କଳାଧଳା
ଯୁଗଳବଂଦୀ ଫଟୋ, ପଢ଼ା ବହିବସ୍ତାନୀ,
ଜେଜେମାଂକ ଅମଳର କମକୂଟକରା

ମାଟି ସରାଗାଡ, ଝୁନୁ ଅପା ହାତବୁଣା
ଆକାଶୀ ରଂଗର ଗରମ ଉଲ୍ ସ୍ୱେଟର
କିଛି ହେଲେ ସାଂଗରେ ଆଣି ନ ଥିଲା ।

ଯେତେ ଦିନ ଯାଏଁ ବାପ ଛେଉଂଡ଼ ସେ
ଅଭାଗା ପିଲାଟି ଏଠି ୟେ' ସାହିରେ ଭଡ଼ା
ଘରେ ରହିଥିଲା କି' ଦିନ କି' ରାତି ତା
ପିଲାବେଳର ସାଂଗସାଥୀ କାର୍ତ୍ତିକା ଜୁବୁଲା
ବିଷ୍ଣୁ ବାସଂତୀ ଓ ଜୁନୁ ଅପାକୁ ଖାଲି
ଝୁରି ହେଉଥିଲା ।

ଦୁଇଦୁଇ ଥର ଲଗାତାର ପଂଚମ
ଶ୍ରେଣୀରେ ଫେଲ୍ ହୋଇ କାର୍ତ୍ତିକା ଅଧାରୁ
ପାଠ ଛାଡ଼ିଦେଲା । ଦିନେ ଫଗୁଣ ମାସରେ
ଭଲ ତିଥି ବାର ଦେଖି ହାତକୁ ଦିହାତ
ହେଲା । ବର୍ଷ କେଇଟା ଭିତରେ ଦେଖୁଦେଖୁ
ପିଲାଛୁଆଂକ ବାପ ହୋଇଗଲା ।
ବିଷ୍ଣୁ ଓ ଜୁବୁଲା ଗାଁ ସ୍କୁଲ ଛାଡ଼ି କିଏ
କୁଆଡ଼େ ଗଲେ ତା ପାଖେ
ଆଉ କୌଣସି ଖବର ନଥିଲା ।

ମକଦ୍ଦମ ଘର ମୋଟି ଫୁଲେଇ ଝିଅ କଥା
ବରଂ ନ କହିଲେ ଭଲ । ବାରିଜଂଗର ପେଟି
କଂଟ୍ରାକ୍ଟର ପ୍ରଫୁଲ୍ଲ ଭଂଜକୁ ପ୍ରେମ କରି
ନାବାଳିକା ଥିଲାବେଳେ ହଠାତ୍ ଦିନେ
ଗର୍ଭବତୀ ହେଲା, ଅଠାଂତର ଡାକ୍ତରଖାନାରେ
ରାତାରାତି ଗର୍ଭନଷ୍ଟ କରି ବାସଂତୀ
କୋଉ ଜଣେ ଲେଖାଯୋଖା ସୂର୍ଯ୍ୟବଂଧୁ
ଭାଇସାଂଗେ ରାଉରକେଲା ଚାଲିଗଲା ।

ଆଉ ଝୁନୁ ଅପା ? ସେ' ତ ସେ ପିଲାଠୁଁ
ବୟସରେ ଛ' ସାତ ବର୍ଷ ବଡ଼ ଥିଲା ।
ଖଂଡ଼ମଂଡ଼ଳ ଭିତରେ ଝୁନୁଅପା ପରି
ଅନିଂଦ୍ୟ ସୁଂଦରୀ ଝିଅଟିଏ
ଆଉ ଜଣେ କେହି ବି' ନ ଥିଲା ।
କୁଂଦିଲା କୁଂଦିଲା ଦେହ, ବଳିଲା ବଳିଲା
ହାତ ଗୋଡ଼, ଶୁଆ ଥଂଟ ପରି ତୀଖ
ନାକ, ଟଣାଟଣା କହିଲାକହିଲା ଆଖି
ବିଷଣ୍ଣ ଆଷାଢ଼ ପରି ଫୁରୁଫୁରୁ କଳା ବାଳ
ଓ ଠାକୁରାଣୀଂକ ଭଳି ସାକ୍ଷାତ୍ ଢଳଢ଼ଳ
ରୂପଭେକ ଦେଖି ଯେ କେହି ବି'
ଅବାକ୍ ବିସ୍ମୟରେ ଦଂଡ଼େ ଅଟକି
ରହିଯାଉଥିଲା । ଝୁନୁ ଅପା କେଜାଣି
କାହିଁକି ବା ବାପ ଛେଉଂଡ଼ ଅଭାଗା
ପିଲାକୁ ସବୁଠୁଁ ଏତେ ବେଶୀ ଭଲ ପାଉଥିଲା ।

ଜହ୍ନଆଳୁଅ ରଂଗର ତୋଫା ଧଳା ଶାଢ଼ି
ପିଂଧି ଦିନେ ଜୁନ୍ ମାସର ରଇଜଳା
ଖରାବେଳେ ସେ ପିଲା ଶୋଇଥିବା
ଘରକୁ ଝୁନୁ ଅପା ପଶିଆସିଲା ।
ଲାଲ୍ ମଂଦାର ପରି ଟହଟହ ଦିଶୁଥିବା
ତା ଗାଲ ଓଠ ଲହୁଣୀ ଭଳି ଚହଟ ଚିକ୍କଣ
ଛାତି କପାଳ ଓ ପାପୁଲିରେ ଥରକୁ ଥର
ଚୁମା ଦେଲା, ଅଜଣା ଭୟରେ ଗୋଟାପଣେ
ଠକ୍‌ଠକ୍ ଥରୁଥିଲାବେଳେ ଝୁନୁଅପା
ତାକୁ ଛାତିରେ ଜାକିଜୁକି କଇଁକଇଁ
କାଂଦି ଉଠିଲା । କ'ଣ ହେଲା ବୋଲି
ଭାବିଲାବେଳକୁ ଝୁନୁ ଅପା ଆଉ କଣ ସେଠି ଥିଲା ?
ଝଡ଼ ଭଳି ଯେମିତି ଆସିଥିଲା ସେମିତି ଚାଲିଗଲା ।

୮୫ କେବଳ ପ୍ରେମରେ

ସେଇଠି କ'ଣ ହେଲେ କଥା ସରିଲା ?
କଥାର ପେଡ଼ି ପୁଣି, ଗୋଟିଗୋଟି କରି ଖୋଲି
କାନରୁ କାନକୁ ସାତ କାନ ହେଲା
ସାରା ଗାଁ ପଡ଼ିଲା ଉଠିଲା
କୋଠ ଘରେ ସଭା ବସିଲା । ବିନା ସାକ୍ଷୀ
ପ୍ରମାଣରେ ସବୁ ଦୋଷ ସେ ପିଲାଟି
ଉପରେ ଲଦି ଦେଇ ଗାଁ ଛାଡ଼ି ଚାଲଯିବା
ପାଇଁ ତାକୁ ଓ ତା' ବିଧବା ମା'କୁ କୁହାଗଲା
କାଂଦକାଂଦ ହୋଇ ସବୁଦିନ ପାଇଁ ଗାଁ
ଛାଡ଼ି ସେ ଚାଲି ଆସିଲା ।

କାଲି ପରି ଲାଗୁଛି ଅଥଚ, ପଚାଶ
ବର୍ଷ ଯା' ଭିତରେ ବିତି ସାରିଲାଣି ।
ପଚାଶ ବର୍ଷ ତଳେ ସେ ଗାଁର ମାନଚିତ୍ର
ଯାହା ଥିଲା ଏବକୁ ତ ପୂରାପୂରି ବଦଳି
ଯିବଣି । ପଚାଶ ବର୍ଷ ତଳର କ୍ଷତ ଚିହ୍ନ
ସେ ପିଲା ଦେହରୁ ଏଯାଏଁ ଲିଭିନି
ତଥାପି, ଜିଦିଖୋର ଏକବାଗିଆ ସେ
ପିଲାଟି ତା ଗାଁକୁ ଏଯାଏଁ ଭୁଲି ପାରୁନାହିଁ ।

ଏତେ ଉଛୁରରେ କାହିଁକି ଆଉ ଗାଁକୁ
ସେ ଯିବ ? କାର୍ତ୍ତିକା ଜୁବୁଲା ବିଷ୍ଣୁ ନା,
ବାସଂତୀ ନା, ଝୁନୁ ଅପା କେହି କଣ
ତା ପାଇଁ ସେଠି ଆଉ ବସି ରହିଥିବେ
ଯେ' ଗାଁକୁ ଯାଇ ସେମାନଂକ ପାଖେ
ନିଜ ନିର୍ଦ୍ଦୋଷତାର ପ୍ରମାଣ ବାଢ଼ି ବସିବ ?
ଏତେ ଉଛୁରରେ ଆଉ କାହିଁକି ବା ଯିବ ॥

ଶ୍ରୀ ଠାକୁରାଣୀ

ଏଠିକି କାହିଁକି ଆସିଛ ଆଉ ଏତେ ଉଛୁରରେ ?
ଯାହାଯାହା ଦେବାକୁ ତମକୁ ଦିନେ
କଥା ଦେଇଥିଲି ସେଥିରୁ କିଛି ବାକୀ
ରହିଗଲା କି' ଯାହା ତମେ ସୁଧମୂଳ
ହିସାବ କରି ନେବାକୁ ଆସିଛ
ମୋ ଯିବା ବେଳରେ !

ସାରା ଜୀବନକାଳ ତ ବାରବୁଲା
ଭିକାରିଟେ ଭଳି ବୁଲିବୁଲି
ଦିନ କାଟିଦେଲି । ଏବେ ଯୋଉ
ଭିକାରିକୁ ସେଇ ଭିକାରି ହୋଇ
ରହିଛି, ଯାହା ଥିଲା ମୋ ପାଖେ
ସବୁତ ତମକୁ ବହୁ ପୂର୍ବରୁ
ନିର୍ଲୋଭରେ ଦେଇ ସାରିଥିଲି ।

ଶିରାପ୍ରଶିରାରୁ ପୋଷପୋଷ ତାଜା
ରକ୍ତ ଦେଲି, ଦଂଡ଼ି ତରାଜୁରେ ମାପିଚୁପି
ଶ୍ୟାମଳ ଅଂଗରୁ ମୋର ପଳପଳ
ମାଂସ ମେଦ କାଟିକୁଟି ଦେଲି ।
ଭରପୁର ସ୍ନେହ ପ୍ରେମ ମମତାର ଦୁର୍ମୂଲ୍ୟ ପଦାର୍ଥ
ଦେଲି, ପ୍ରେମ ଦେଲି, ଅଂଟିଭରି ଆଶାଭରସାର
ନିର୍ଭୟ ଆଶ୍ରୟ ଦେଲି,

ସବୁ ଦେଲାପରେ ଯୋଉ ଭିକାରିକୁ
ସେଇ ଭିକାରି ହୋଇ ଶେଷକୁ ରହିଲି ।

ଏବେଏବେ ଯେଉଁଠିକି ଯିବା ପାଇଁ
ବେଶଭୂଷା ହୋଇ ବାହାରିଛି ସେ'
ଅଜଣା ଜାଗାର ସମ୍ପୂର୍ଣ୍ଣ ଠିକଣା
କ'ଣ ମତେ ଜଣା ଅଛି ?
ଛାଇ ପରି ମୋ ପଛେପଛେ ଅଣନିଃଶ୍ୱାସୀ
ହୋଇ ଧାଇଁଧାଇଁ ତମେ ବା' କାହିଁକି
ସେ ନଥିବା ଜାଗାର ଠାବଠିକଣା
ଖୋଜିକାଢ଼ି ବାହାର କରିବ
ତମର କୋଉ ଗରଜ ପଡ଼ିଛି ।

ତମେ ଏଠିକି ଆସି ପହଂଚିବାର
ବହୁ ଆଗରୁ ମୋର ଯିବା ବେଳ
ଠିକ୍‌ଠାକ୍ ହୋଇ ସାରିଥିଲା । ଯେତେ
ଯାହା ଦୁର୍ଲ୍ଲଭ ପଦାର୍ଥମାନ ମୋ'
ସାଂଗେ ଯିବାର ନିର୍ଧାର୍ଯ୍ୟ ଥିଲା ଏଇ
ଯେମିତି କି' କର୍ପୂର ଅଗୁରୁ ଗୋଳା
ତିଳକ ଚଂଦନ, ଖଇ କଉଡ଼ି,
ଗଂଗାଜଳ ଓ କିଛି ଗେଂଡୁ ଫୁଲମାଳ,
କଣିକାଏ ମହାପ୍ରସାଦ ଓ ନିର୍ମାଲ୍ୟ
ଚାଉଳ, ଖଂଡ଼େଅଧେ ଚଂଦନକାଠ
ଜହ୍ନଆଲୁଅ ରଂଗର ଅରଖ
ନୂଆ ଲୁଗା ଓ ଛ ଖଂଡ଼ି ବାଉଁଶରେ
ଗଢ଼ା ଚଉଦୋଳ ଇତ୍ୟାଦି ଇତ୍ୟାଦି
ଦ୍ରବ୍ୟମାନ ଯୋଗାଡ଼ ସରିଥିଲା ।

ଖରାଖିଆ ଅପୂଜା ଅମାଜଣା
ଠାକୁରାଣୀ ଭଳି ଏମିତି ବେଳାରେ
ତମେ କାହିଁକି ଆସିଲ ?
ଅଧବାଟରୁ ମତେ ଭୁଲେଇଭାଲେଇ
ନେଇ ଆଉ କୋଉ ନୂଆ ନରକରେ
ଛଟପଟ କରି ମାରିବାକୁ
ଚାହୁଁଥିଲ ? ସାରା ଜୀବନକାଳ ତ
ଶ୍ରୀ ଠାକୁରାଣୀ ଭଳି ବେଳଅବେଳରେ
ମୋ ଦେହରେ ଅବିକଳ ଉଭା ହୋଇ
ଛଳଛଦ୍ମରେ ମୋର ସର୍ବସ୍ୱ ଲୁଟିଲ ।

ଇହ ପରକାଳର, ଜନ୍ମ ଜନ୍ମାଂତରର
ମୁଁ ତମର ଶତ୍ରୁ ଥିଲି କି
ମୋ ଉପରେ ଦାଉ ସାଧିବାକୁ
ଶେଷଥର ପାଇଁ
ପୁଣି ଆସିଗଲ ?
ନା, ମତେ ଶାଂତିରେ ଏଠି ଟିକେ
ଜିଇବାକୁ ଦେଲ ନା,
ଶାଂତିରେ ଟିକେ ଶେଷବେଳାରେ
ମରିବାକୁ ଦେଲ ॥

ଭିଡ଼ ଭିତରେ

ଚାଳିଶ ବର୍ଷ ଭିତରେ ଥରଟିଏ ତାଂକ
ସାଂଗେ ମୋର ଦେଖା ହୋଇନାହିଁ
କୋଉ ଭୋଜିଭାତ ସଭାସମିତି କି,
କାହା ଅଂତେଷ୍ଟିକ୍ରିୟାରେ । ଚାଳିଶ ବର୍ଷ
ଭିତରେ ଯିଏ ଯାହା ବାଟେଘାଟେ ଆମେ
ଯା' ଆସ କରୁଥିଲୁ ଯେହେତୁ ଆମ
ପ୍ରେମ ପରି ନାହିଁ ନଥିବା ପ୍ରେମ
ଆରଂଭ ହେଉ ନ ହେଉଣୁ ଶେଷ
ହୋଇ ଯାଇଥିଲା ଭିଜାଭିଜା
ଶରତ ଋତୁରେ ।

ଚାଳିଶ ବର୍ଷ କେତେବେଳେ ଚାହୁଁଚାହୁଁ
ଆମ ଅଜାଣତରେ ଯା' ଭିତରେ
ବିତି ସାରିଲାଣି । ଘଟନାକ୍ରମରେ
ଆଖି ଦେଖି ନଥିବା କେତେକେତେ
ଆଚଂବିତ ଘଟନା ଏଠି ଘଟିଲାଣି
ଯେମିତି କି, ସ୍କୁଲ କଲେଜ ବେଳର
କେତେକେତେ ପ୍ରିୟ ସାଂଗସାଥି,
ମତେ ଆଦ୍ୟରୁ ଭଲ ପାଉନଥିବା
କେତେଜଣ ସମଧର୍ମା ବଂଧୁ ଓ
କିଛି ଈର୍ଷା ପରାୟଣ ଆତ୍ମୀୟସ୍ୱଜନ
ଅବଲୀଳାକ୍ରମେ ଚିରବିଦାୟ
ନେଇ ଯିଏ ଯାହା ବାଟରେ ଗଲେଣି ।

କେତେ ଭୟାବହ ଯୁଦ୍ଧ କେତେ
ରକ୍ତପାତ ଓ କେତେକେତେ
ଘମାଘୋଟ ବିସ୍ଫୋରଣରେ ବିଅର୍ଥ
ଜୀବନର ପରିଭାଷା ସଂପୂର୍ଣ୍ଣ ବଦଳି ଗଲାଣି ।

ଶରତର ଉଦ୍‌ଭ୍ରାଂତ ସଂଜରେ ବାବନାଭୂତ
ଭଳି ଘୂରିଘୂରି ଦିନେ ମୁଁ ବୁଲୁ
ନଥିଲି କି' ଗଳିରୁ ଗଳିକୁ ?
ମଂଦିରରୁ ରାମକୃଷ୍ଣ ମଠ ଓ ରାମକୃଷ୍ଣ
ମଠରୁ କେତେବେଳେ ପରିତ୍ୟକ୍ତ
ମଂଦିର ବେଢ଼ାକୁ ?
ଛିନ୍ନମୂଳ ମଲାଗଛ ପରି ମାଟି
କାମୁଡ଼ି ପଡ଼ିବା ଆଗରୁ ଚାହିଁ ନଥିଲି କି
ଲାବଣ୍ୟ ଜରଜର ତମ ମୁହଁ
ଶେଷଥର ପାଇଁ ଥରେ ଦେଖିବାକୁ ?

ଏତେ ଭିଡ଼, ଏତେ ବେଶୀ ଗହଳଚହଳ
ଏଠି ଲାଗିଛି ଯେ' ଯୁଆଡ଼େ ଚାହିଁଲେ
ଚିହ୍ନା ମୁହଁ ଗୋଟିଏ ବି' ଆଖିକୁ
ଦିଶୁନି, ଯେଉଁ ଅଧ୍ୟାୟଟି ଦିନେ
ଆରଂଭ ନ ହେଉଣୁ ଶେଷହୋଇ
ଯାଇଥିଲା ସେ' ଅଧ୍ୟାୟର
ପୁନରାବୃତ୍ତି ହେବା ଆଶା ଆଉ ନାହିଁ ।

ଯେ ବିଷମ ବେଳାରେ ଏତେ ଭିଡ଼
ଭିତରେ ତମେ ଏ ଜାଗାକୁ କାହିଁକି
ଆସିଲ ? ଲୁହ ଡବଡ଼ବ ଆଖିରେ
ଯାହାକୁ ଭିଡ଼ ଭିତରେ ଏଠି ଖୋଜୁଥିଲ
ସେ କ'ଣ ଖଂଡ଼ମଂଡ଼ଳ ଭିତରେ ଆଉ

ଥିଲା କି ? ଜଳୀୟବାଷ୍ପ ହୋଇ
କୋଉ ପ୍ରାଚୀନ ପୋତାଶ୍ରୟ କି,
କୋଉ ବିପଦଶଂକୁଳ ଅଣଓସାରିଆ
ଅଂଧାର ସୁଡ଼ଂଗ କି, ଧୂଆଁଳିଆ
ପର୍ବତମାଳାର ଶିଖରରେ ସେ'
କେବେଠୁଁ ଯାଇ ରହିଲାଣି ତାହା ତମେ
ଜାଣି ନଥିଲ କି ?

କାହାକୁ ଖୋଜୁଛ ଏଠି ଆଉ
ଯେ' ଭିଡ଼ ଭିତରେ ପୁଣି,
ଏତେ ଆଗ୍ରହରେ ?
ଯାହାକୁ ଖୋଜୁଛ
ବିପର୍ଯ୍ୟସ୍ତ ରୂପଭେକରେ ସେ କ'ଣ
ଅସମାପ୍ତ କବିତାର ଦୁଇଟି ବାକ୍ୟାଂଶ
ମଝିରେ କେବେଠୁଁ ଯାଇ ଅଟକି
ରହିଛି କି' ତାକୁ ତମେ ଖୋଜୁଛ ଯେ' ଭିଡ଼
ଭିତରେ, ତମେ ତ ଆସିଛ ଜାଣିଶୁଣି
ଏଠିକି ଏତେ ଉଚ୍ଛୁରରେ ॥

ଦିନେ ରାତିରେ

ଦିନେ ରାତିରେ ଆଲପ୍ରାକ୍ସ ଖାଇ ଉତ୍ତର
ଦିଗକୁ ମୁହଁ କରି ସେ ଶୋଇଲେ ଆଉ
ମୁଁ ଦକ୍ଷିଣ ଦିଗକୁ । କିଂତୁ, ସେ କ'ଣ
ଶାଂତିରେ ଟିକେ ଶୋଇ ପାରିଲେ ?
ନିଦ ଭଲ ନ ହେବାରୁ କାଂଥକୁ
ଆଉଜି ବସି ଖାଲି ବ୍ୟତିବ୍ୟସ୍ତ ହେଲେ ।
ତାପରେ, ତାଂକର କ'ଣ ହେଲା କେଜାଣି ?
ଅଝଟିଆ ପିଲା ପରି କଇଁକଇଁ କାଂଦଣାରେ
ମୋର ନିଦ ଭାଂଗିଦେଲେ ।

ଏହା ତାଂକର ଥିଲା ବର୍ଷବର୍ଷର ପୁରୁଣା
ଅଭ୍ୟାସ ଓ ସେ' ଭଲଭାବେ ଜାଣିଥିଲେ ଯେ'
ମୁଁ ଥିଲି ଗୋଟେ ଚିଡ଼ିଚିଡ଼ା ସ୍ୱଭାବର ଅଜବ
ମଣିଷ । ଆଖି ମଳିମଳି ଲୁହ ଛଳଛଳ ତାଂକ
ମୁହଁକୁ ମୁଁ ଘଡ଼ିଏ ଚାହିଁଲି
କିଛି ନକହି ନିଆଁ ଧରୁ ନଥିବା ଜୁଇ
କାଠ ଭଳି ଭିତରେଭିତରେ ଖାଲି କୁହୁଳିଲି ।
ରାତି ପାହିବା ପୂର୍ବରୁ ଘର ଛାଡ଼ି, ସ୍ତ୍ରୀ ପୁଅ
ବୋହୂ ନାତି ନାତୁଣୀଂକୁ ଛାଡ଼ି, କୋଉ ଅଗ୍ନାଗ୍ନି
ବନସ୍ତର ପାର୍ବତ୍ୟ ଉପତ୍ୟକାରେ, ପିଚାଶୁଣୀମାନେ
ଛୁଆ ପିଲା ଧରି ସୁଖରେ ବାସ କରୁଥିବା ଆମ ଗାଁ
ଭାନୁଘର ମଶାଣି ପଦାରେ କି, ବଇଷମ ବାରିର

ବୁଢ଼ା ବରଗଛ ପତ୍ର ଗହଳିରେ ଦିଗହରା
ପକ୍ଷୀ ପରି କିଛି ଦିନକାଳ ଥକ୍କାମାରି
ବସି ଯିବିବୋଲି ଠିକ୍ କଲି, କିଂତୁ, ସେ'
ଅପୂର୍ବ ଅନିଂଦ୍ୟ ସୁଂଦରୀକୁ ଛାଡ଼ି କୋଉଠି
କ'ଣ ଶାଂତିରେ ଟିକିଏ ରହି ପାରିଲି ?
ତେତିଶ ବର୍ଷ ଏକାଠି ଗୋଟେ ଛାତ ତଳେ
ଦିନ କାଟିବା ଭିତରେ ଭୁଲ୍‌ରେ ଥରେ ଭାବିନି
ଉତ୍ତର ଦିଗକୁ ମୁହଁ କରି ଯେଉଁ ନାରୀଟି
ପ୍ରତି ରାତିରେ ମୋ ଶେଯରେ ଶବ ପରି
ପଡ଼ି ରହୁଥିଲା ସେ' କେବେ କଣ ମୋର ପତ୍ନୀ
କି, ପ୍ରେମିକା ଥିଲା ? ପରିତ୍ୟକ୍ତ ମଂଦିରର
ଅପୂଜା ଠାକୁରାଣୀ ଭଳି ତଥାପି ସେ ଚୁଡ଼ି
ଝମଝମ କରି ପ୍ରତି ରାତିରେ ଆସି ଉଭା ହେଉଥିଲା ।

ଠାକୁରାଣୀ ବେଶରେ ବାକୀଥିବା ଦିନ କାଳ
ମୋ ପାଖେ କାଟିବା ଯଦି ତାଂକ ଭାଗ୍ୟରେ
ଲେଖାଥିଲା, ଯଦି ତାଂକ ଲାଲ ଟୁକୁଟୁକୁ
ଓଠର ଗଭୀର ହ୍ରଦରେ ସୂର୍ଯ୍ୟାସ୍ତ ପରେ
ନିତି ମତେ ବୁଡ଼ ମାରିବାକୁ ଥିଲା, ଯଦି
ତାଂକ ମୁଖନିଃସୃତ ବଚନରେ ଆଖପାଖର
ବାୟୁମଂଡ଼ଳ ପରିସ୍ନାତ ହେବାକୁ ଥିଲା, ଯଦି
ସେ' ମମତାମୟୀଂକ ଅମୃତ ସ୍ପର୍ଶ ଓ ସାନ୍ନିଧ୍ୟରେ
କାହା ଉଜୁଡ଼ା ସଂସାର ଫୁଲଫଳରେ
ହସି ଉଠିବାକୁ ଥିଲା ସେ କାହିଁକି ପଣବଂଦୀ
ପରି ଏତେ ଦିନଯାଏଁ ପଡ଼ି ରହିଥିଲେ
ଯେ' ଅଭାଗା ଘରେ ?
ହସିହସି କାହିଁକି ଏଠିକି ଆସୁଥିଲେ
ନିର୍ମୋହ ଶରତର ଅଧା ଛାଇ ଅଧା ଆଲୁଅରେ ?

ସେଦିନ ରାତିରେ ଅକସ୍ମାତ୍ ତାଙ୍କୁ ଠାକୁରାଣୀ
ବେଶଭୂଷାରେ ଦେଖି ମୁଁ ପ୍ରଥମେ ହଡ଼ବଡ଼େଇ
ଗଲି । ତା'ପରେ, ଦଂଭ ଧରି ନିଆଁହୁଳା ପରି
ଦାଉଦାଉ ଜଳୁଥିବା ଦୁଇ ନୀଳ ଆଖିକୁ
ଚାହିଁ କହିଲି, "ହେ ମୃଗନୟନା
ବିମୃଷ୍ୟକାରିଣୀ, ପାପତାପ ବିନାଶିନୀ !
ହେ ଭଦ୍ରା ଭବତାରିଣୀ, ପାବକନାଶିନୀ !
ଯଦି ଯେ' ଅକିଂଚନର ଶୋକ ଦୁଃଖ ବିଷାଦରେ
ତମ ନିଃଶ୍ୱାସପ୍ରଶ୍ୱାସ ଦିନୁଦିନ ରୁନ୍ଧିହୋଇ
ଯାଉଥିଲା, ଭାବଅଭାବରେ ମିଳିମିଶି
ଚଳିବାକୁ ଯଦି ତମର ଆଦୌ ସାମର୍ଥ୍ୟ ନଥିଲା,
ଯଦି ତମେ ଠାକୁରାଣୀ ବେଶେ ଉଭାହେଲା
ବେଳକୁ ଯେ' ଘର ଛାଡ଼ି ଚାଲିଯିବା
ମୋର ନିତାଂତ ଜରୁରୀ ଥିଲା ମତେ ହେଲେ
ବେଳସୁଁ କହି ଦେଇଥାଂତ, ଜାଣିଥିଲେ ମୁଁ
ଏଠି କ'ଣ ଅଲାଜୁକ ପରି ମାଡ଼ିମକଚି ପଡ଼ି
ରହିଥାଂତି ତମର ଏ ରୂପ ଦେଖିବାକୁ ?
ତମେ ଦେବୀ କି, ଦାନବୀ ମୁଁ ଜାଣିନି
ଜଣାଥିଲେ ଜଣାଥିବ କେବଳ ତୁମକୁ ।"

ଆଜି ତାଙ୍କର ଆସିବାର ଅଛି

ଆଜି ତାଂକର ଆସିବାର ଅଛି ।

ଆସିବାର ଅଛି ବୋଲି କୁଳମାନ
ଇଜ୍ଜତମହତ ଭୁଲି ପ୍ରାଚୀନ କାଳରୁ
ପ୍ରଚଳିତ ବିଧିବିଧାନକୁ ଭୁଲି
ସ୍ଵାମୀ ଶାଶୂ ନଣଂଦ ଦିଅରଂକୁ
ତାହା ମିଛ କହି
ଲୁଚିଛପି ଭରା ଶ୍ରାବଣ ରାତିରେ ଆସିଛି
ଯେ' ଅଗମାଗମ ଶ୍ୟାମ ବନାନୀକୁ ।

ମୁଁ ଆସିଛି ଅଥଚ, ତାଂକର ଦେଖା
ଦର୍ଶନ କି, ସୋର ଶବ୍ଦ ନାହିଁ । ଚଂଦନ
ଅଗୁରୁ ମିଶା ତାଂକ ଦେହ ଗଂଧ କେଉଁ
ଲତା ଗହଳିରୁ ଭାସି ଆସୁନାହିଁ । ଝଡ଼ାପତ୍ର
ପରେ ତାଂକ ପାଦ ନୂପୁରର ରୁଣୁଝୁଣୁ
ଶବ୍ଦ ଶୁଭୁ ନାହିଁ
ଆଖପାଖ ମହୀମଂଡ଼ଳରେ ତାଂକ ଥିବା ନ ଥିବାର
ଚିହ୍ନବର୍ଣ୍ଣ ନାହିଁ । ବେତସ କୁଂଜରୁ ବିରହୀ ବଂଶୀର
ମୂର୍ଚ୍ଛନା ଶୁଭୁନି । ଘନନୀଳ ଯମୁନାର
ଉଜାଣି ସୁଅରେ ଭାସମାନ କେଳିକୁଂଜ ସଜା
ହୋଇନାହିଁ । ନିର୍ଜୀବ ରକ୍ତହୀନ ଶରୀରରେ

ମୋର ଜୀବନ ଅଛି କି, ନାହିଁ କହି
ଦେବାକୁ କେହି ଜଣେ ବିଶ୍ୱସ୍ତ
ଆତ୍ମୀୟ କି, ସମଦଶା ଭୋଗୁଥିବା ସଖୀ
ମୋ ଆଖପାଖରେ ନାହିଁ ।

ମୁହଁଖୋଲି କଥା ପଦେ ନକହିବା
ତାଂକ ନିୟତ ଅଭ୍ୟାସ । ପଦୁଟିଏ କଥା
ପାଇଁ ମୁଁ ଆବୋରି ବସିଥିବା
ମୋ' ଅବଶିଷ୍ଟ ଆୟୁଷ ଓ ଅନତିକ୍ରମ୍ୟ
ରମ୍ୟ ଉପବନ ତାଂକ ଅନୁପସ୍ଥିତିରେ
ଦୀର୍ଘକାଳୁ ଖାଁ ଖାଁ ଉଦାସ ଉଦାସ ।

ନୀଳୋତ୍ପଳ ଶ୍ୟାମଘନ
ବର୍ଣ୍ଣୋଜ୍ଜ୍ୱଳ ଛାଇଟିଏ ପାଳଭୂତ ପରି
କ୍ଷଣକ୍ଷଣ ମତେ ପଲପଲ କରି ମାରୁଛି
ଭରା ଶ୍ରାବଣର ଅମାଅଂଧାର ରାତିରେ
ବାଟଘାଟ, ପଥଅପଥ କିଛି
ବୋଲି କିଛି ନିଦିଶୁଛି ।

ତାଂକ ଆସିବା, ନ ଆସିବା ଅନିଶ୍ଚିତ
ଜାଣିଲା ପରେ ମୋର ବା' କ'ଣ ଆଉ
କରିବାର ଥିଲା ?
କ'ଣ ଆଉ କରିଥାଂତି ଯେ !
ଅସ୍ଥିର ଅବାଧ ମନକୁ କଳେବଳେ
ନିଜ ଆୟତରେ ଧରିବାଂଧି ହୁଲିଡ଼ଂଗାରେ
ଟୋପେ ପାଣି ନଥିବା ଆଶ୍ଚର୍ଯ୍ୟ-ଚକିତ
ଭରା ନଈ ପାରି ହେବାକୁ ମନ କରିଥାଂତି ?

ନା, ଓଠ ତଳର ଅଭୁଲା ତିଳ ଚିହ୍ନକୁ
ଦେଖି ତାଂକ ଅନୁପସ୍ଥିତିରେ ଥରକୁଥର
ମୂର୍ଚ୍ଛା ଯାଇଥାଂତି ?

ମୋ ଆୟତରେ କ'ଣ ଆଉ କରିବାର
ଥିଲା ଯେ' କରି ପାରିଥାଂତି ॥

କିଏ ତମେ ?

କିଏ ତମେ ? କାହିଁକି ଆସିଛ ଏଠିକି ?
ଆସିଛ କି' ଶେଷ ମୁହୂର୍ତ୍ତରେ କଲବଲ
କରି ମୋ ପ୍ରାଣ ନେବାକୁ ? କୋଉ
ସୁକୃତରୁ ବର୍ଷବର୍ଷ କାଳ ଦହଗଂଜିଆ
ଜୀବନ ବଂଚିଲା ପରେ ମୁଁ ନମରି
ଦିନଦିନ ରାତିରାତି ଧରି କେମିତି
ଏଠି ଘୁଷୁରୁଛି, ତମେ ଆସିଛ କି
ଶେଷଥର ପାଇଁ ଦେଖିବାକୁ !

ବଳକା ଆୟୁଷତକ ନେବାକୁ ତମେ
ଯଦି କଳାକୌଶଳ କରି
ଡଂଡ଼ି ବସିଥିଲ ଦୁର୍ଦ୍ଧର୍ଷ ଆତତାୟୀ
ପରି ଲୁଚିଛପି ବରଂ ଆସି ମତେ
ଛୁରୀ ଭୁଷିଥାଂତ । କୋଉ ଦୁର୍ଲ୍ଲଭ ପଦାର୍ଥ
ପ୍ରତି ଯଦି ତମର ମୋହ ଦୁର୍ବଳତା
ଥିଲା ମତେ କହିପୋଛି ବେଳସ୍ରୁ
ତ ନେଇ ପାରିଥାଂତ ।
ଜରା ବ୍ୟାଧି ମହାବ୍ୟାଧିଗ୍ରସ୍ତ ପଚାସଢ଼ା
ଶରୀର ଓ ଉଜୁଡ଼ା ସଂସାରକୁ ମୋର
କାହିଁକି ଆଉ ଏତେ କଷ୍ଟ କରି ଆସିଥାଂତ !

ତିନି ଦଉଡ଼ି କଟା ମୁଁ ଅଭାଗା ପାମର
ବୋଲି ତମକୁ ଜଣା ନଥିଲା କି ?
ଆଜି ଏଠି, କିଏ ଜାଣେ, କାଲି କି' କୋଉଠି
ଥିବ କି ନଥିବି
କାଲି ରାତି ପୂର୍ବବର୍ତ୍ତୀ ରାତିମାନଂକରେ
ଯେତେସବୁ ଭୟଂକର ସ୍ୱପ୍ନ ଦେଖି
ଚିରିଚିରେଇ ହୋଇ ନିଦରୁ ଉଠି ପଡୁଥିଲି
ଓ ଘଂଟାଘଂଟା କାଳ ଅଝଟ ପିଲାଟି ପରି
ରାହା ଧରି କାଂଦି ଉଠୁଥିଲି ସେମିତି
କାଂଦଣା ମନ ଖୋଲି ଆଉ ଥରେ କଣ
କାଂଦି ପାରିବି କି ?

ରାତି ପାହିଲା ବେଳକୁ ବେଶ୍ କିଛି ଦିନ
ହେଲା ପ୍ରତି ରାତିରେ ମୁଁ ତମକୁ
ସ୍ୱପ୍ନରେ ଭେଟୁଛି ।
ଯେତେ ଥର ସ୍ୱପ୍ନରେସ୍ୱପ୍ନରେ ମୁଁ ତମର
ମୁହାଁମୁହିଁ ହେଉଛି ସେତେଥର ତମ ମୁହଁ
ଡାକିନୀ କି ପିଚାଶୁଣୀ ମୁହଁ
ପରି ଅବିକଳ ଦିଶି ଯାଉଅଛି
ସେତେଥର ଅଗ୍ୟାଂତ ଆତଂକରେ ମୋ
ପାଦଠୁଁ କପାଳ ଯାଏଁ କଟା କୁକୁଡ଼ାର
ମୁଂଡ଼ ପରି ଥରଥର ଥରି ଉଠୁଛି
ସେତେଥର ସ୍ୱପ୍ନ ସମୁଦ୍ରର କେଉଁ ଅଦୃଶ୍ୟ
କୂଳରେ ଶବ ପରି ପଚିସଢ଼ି
ମୁଁ ଭାସୁଅଛି ।

ଫୁଲିଫାଲି ଦୁର୍ଗଂଧ ବାହାରୁଥିବା ଅଚିହ୍ନା
ଶବକୁ ଦେଖି ଦେଖଣାହାରୀଏ ନିଜ ନିଜ

ଭିତରେ ଏଣୁତେଣୁ ଆଜେବାଜେ କଥା
ହେଉଥିଲେ । ମୁଁ ଅସତ୍ୟ ବାଲି ଥରେ
ଜାଣିଯିବା ପରେ ଖୋଳତାଡ଼ ନକରି
ଯିଏ ଯାହା ବାଟେବାଟେ ଗଲେ ।
ଦେଖଣାହାରୀଂକ ପାଖେ ମୁଁ ଅସତ୍ୟ
ବୋଲି ଯଦି ଶେଷକୁ ଦୋଷୀ ସାବ୍ୟସ୍ତ
ହେଲି ତମେ ଏମିତି କୋଉ ଧ୍ରୁବ ସତ୍ୟ
ଯେ' ହାତ ବଢ଼େଇଲେ ମତେ ଗୋଟିପଣେ
ଛୁଇଁ ପାରିବ ?
ମତେ ଛୁଇଁବାକୁ ଯେତେଥର ତମେ ହାତ
ବଢ଼େଇବ ସେତେଥର ତମ ହାତ ପାଖୁ
ଚଲାମେଘ ଖଂଡ଼େ ପରି ମୁଁ
ଦୂରକୁ ଦୂରକୁ ଭାସିଭାସି ଯିବି
ମୁଁ ସତ୍ୟ କି, ଅସତ୍ୟ ବୋଲି ତମେ ଥରେ
ଜାଣିଯିବା ପରେ ମତେ ତମେ ଆଉ
ଏତେ ସହଜରେ ଛୁଇଁ ପାରିବ କି ?

ଧୈର୍ଯ୍ୟ ଓ ବିଶ୍ୱାସର ବାଲିବଂଧ ଥରେ
କୂଟକପଟରେ ଭାଂଗିରୁଜି ଗଲାପରେ
ରକ୍ତମୁଖା ଶ୍ରୀଠାକୁରାଣୀ ପରି ମୋ
ପ୍ରାଣ ନେବାକୁ ଯଦି ତମେ
ଆସିଥିଲ କୁଂଭପକା ନୀଳ ପାଟ ଶାଢ଼ି
ଖଂଡ଼େ ପିଂଧି ବରଂ ଆସିଥାଂତ
ଶରତ ଋତୁର ଝାପ୍‌ସା ଝାପ୍‌ସା ଜହ୍ନ
ଆଲୁଅରେ, ଗୋଳା ଚଂଦନ ପରି
ମୁଁ ଦିନୁଦିନ ସରିସରି ଯାଉଥିଲାବେଳେ
ଶୂନ୍‌ଶାନ୍ ନିର୍ଜନ ବେଳାରେ, ଋତୁଅଋତୁରେ ।

ଯାହା ଇଚ୍ଛା ତାହା କର ପଛେ ଶ୍ରୀ ଠାକୁରାଣୀ
ପାରୁଛ ଯଦି ଶାଣଦିଆ କୃପାଣରେ ମୋ'
ଦେହରୁ ପଲପଲ ମାଂସ କାଟିନିଅ
ପାରୁଛ ଯଦି ତ ମୋର ଶୌର୍ଯ୍ୟ ବୀର୍ଯ୍ୟ ତେଜ
ପ୍ରତାପ କବଚ କୁଂଡ଼ଳ
ନିର୍ଲୋଭରେ ନିଅ ।
ପାରୁଛ ଯଦି ପାଟ ପତନୀରେ
ବାଂଧିବୁଂଧି ରଖିଥିବା ମୋ ସମଗ୍ର ଜୀବନ କାଳର
ଯେତେଯେତେ ପ୍ରେମପତ୍ର କଳାଧଳା
ଯୁଗଳବଂଦୀ ଫଟୋ, ଅଧା ଲେଖା
ଅସଂପୂର୍ଣ୍ଣ କବିତାର ପାଂଡୁଲିପି
ଖଂଡୁଆପତନୀ ପାଟ ପଣତରେ
ଗଂଠି କରି ନିଅ ।

ଯାହା ପାରୁଛ ଶ୍ରୀ ଠାକୁରାଣୀ
ସବୁ ପଛେ ନିଅ, ମତେ ଟିକେ
ଶାଂତିରେ ଏଥର ଏଠି ମରିବାକୁ ଦିଅ ॥

ଡାକିନୀ

ଆରେ, ଏତେ ରାତି ପରା ହେଲାଣି
ନଯାଇ କାହିଁକି ଏଠି ବସି ରହିଛ ?

ଏତେ ରାତିରେ କୋଉ ମାନ୍ୟଗଣ୍ୟ ଭଦ୍ର
ଅତିଥିଂକର ଆଉ ଆସିବାକୁ ଅଛ କି'
ଯେଉଁଥି ପାଇଁ ତମେ ଥରକୁଥର ଘରୁ ବାହାର
ବାହାରୁ ଘର ବାୟାଣୀଂକ ପରି ଘୂରି ବୁଲୁଛ ।

ତମ ଭାଗ୍ୟ ସାଂଗେ ଯେ' ଅଭାଗା ଅରକ୍ଷର
ଭାଗ୍ୟ ପୂର୍ବ ସୁକୃତରୁ ଜୋଡ଼ାଜୋଡ଼ି ହୋଇ ତ
ରହିଛି, କୋଟିକୋଟି କଳ୍ପଯାଏଁ ରହିଥିବ
ଓ ସେଥିପାଇଁ ଆମ ଦୁହିଁଂକୁ ଯେ' ଜୀବଦ୍ଦଶାରେ
ବହୁ ହଟହଟା ଯୋଗ ଭୋଗ କରିବାକୁ ଯେ'
ହେବ ସେତିକି ତମକୁ ବେଳସୁଁ କ'ଣ ଜଣା ନଥିଲା ?
ଖୋଜାଲୋଡ଼ାର ଆବଶ୍ୟକ ନଥିଲାବେଳେ
ଯିଏ ଯାହା ମର୍ଜିରେ ସୁଖେଦୁଃଖେ ଜିଇବା ଛଡ଼ା
ଆଉ କୋଉ ବାଟ ବା' ଆମ ପାଇଁ ଖୋଲାଥିଲା ।

ଘଡ଼ିକିଘଡ଼ି ବେଶବାସ ବଦଳେଇ ସାକ୍ଷାତ୍
ଡାକିନୀ ପରି ବେଶ୍ କିଛି ଦିନକାଳ ମୋ
ସାଂଗେ କାଟିଲ, ଛତିଶ ବର୍ଷକାଳ କତରାଲଗା
ଅବସ୍ଥାରେ ଯେଉଁ ବିଛଣାରେ ଆମେ ଦୁହେଁ
ପଡ଼ି ରହିଛେ ଏ

ଜନ୍ମର ଭୋଗାଭୋଗ ଓ ପୂର୍ବଜନ୍ମ ଫଳାଫଳ
ନଭୋଗିବା ଯାଏଁ
ଘରୁ ଗୋଡ଼ କାଢ଼ି ଯିବାକୁ କେମିତି ପୁଣି ମନ କଲ ?

ଆଦୌ ଭଲ ହେବାର ଆଶା ନ ଥିବା ରୋଗରେ
ପଡ଼ି ଘରୁ ଡାକ୍ତରଖାନା ଓ ଡାକ୍ତରଖାନାରୁ
ଘର କେତେ ଥର ତମେ ଏପଟସେପଟ
ନ ହୋଇଛ ! ଯେତେଥର ଗୋଡ଼ କାଢ଼ି
ଯିବାକୁ ବାହାରିଛ ସେତେଥର
ଅମଣିଆ ବଳଦ ପରି ମଝି ରାସ୍ତାରେ
ପଡ଼ିଉଠି ଠେଲିପେଲି ହୋଇ ପୁଣି ଫେରି ଆସିଛ ।

କୋଟିକୋଟି ଦେବଦେବୀଂକୁ ଯେତେବେଳେ
ଯେଉଁଠି ଭେଟିଛି ନିଜ ମର୍ଜିରେ ମାନସିକ କରି ସେଠି
ଗୁଆ ବସେଇଛ, ମୁଁ ତମର କୋଉ କଥା ରଖି ନ ଥିଲିକି,
ଏବେ ପୁଣି, ଘର ଛାଡ଼ି, ପୁଅବୋହୂ ନାତିନାତୁଣୀଂକୁ ଛାଡ଼ି
ମତେ ଏକା କରି ଯିବାକୁ ବସିଛ ।

କାଳବେଳା ରାଶି ନକ୍ଷତ୍ର ଠିକ୍ ନ ଥିବା
ଜାଣିବି ଯିବାକୁ ବସିଛ ଯଦି ଯାଅ । ଯାଅ
ତମ ମନ ପସଂଦର କୋଉ ମଠ ମଂଦିର ଆଶ୍ରମ
କି, ଅରଣ୍ୟକୁ ଅବା, କୋଉ ଅଜଣା ଅଶୁଣା
ନଥିବା ରାଜ୍ୟକୁ କିଂତୁ, ଦୟାକରି ନାକକାଂଦୁରୀ
ଝିଅ ପରି ମୋ ପାଖେ ଆଉ ଶୁକୁଶୁକୁ ହୁଅନି ।
ଛାଡ଼ବାଡ଼ ହୋଇ ଯୋଉ ଦୁର୍ଲଭ ପୁରକୁ
ଗଲେ ବି' ତମେ ଯେ' ସୁଖଶାଂତିରେ କୋଉଠି
ମୋ ବିନା ଦଂଡ଼େ ରହି ପାରିବନି
ସେତିକି କଣ ମୁଁ ଜାଣିନି ।
ତଥାପି, ଯିବାକୁ ଚାହୁଁଛ ଯଦି ଯାଅ ॥

ଅସୁରୁଣୀ (୧)

ମନ ଖୋଲି ଥରେ ମତେ କହ ତ
ମୋ ନାଆଁ ଶୁଣିଲେ
ତମ ନାହି କାହିଁକି ଖାଲେଇରୁ ତଳେ ପଡ଼ି
ଠକ୍‌ଠକ୍ ହେଉଥିବା ମାଛ ପରି
ଡେଉଁଛି ? ମୋ ପରି ଗୋଟେ ଅତୀତ
ଭବିଷ୍ୟତ ନ ଥିବା ଅସୁଂଦରୀ ଅସୁରୁଣୀର
ଅସୁଂଦରପଣ ଦେଖି ଶ୍ୟାମବର୍ଣ୍ଣର
ଲତୁପୁତୁ ତମ ଦେହ ବେଳଅବେଳରେ
କାହିଁକି ଶିରଶିର୍ ହେଉଛି ?

ଦିନେ ମୁଁ ଶହେରୁ ଶହେ ଭାଗ ଚାହିଁ
ନ ଥିଲି କି' ତମ ନିପାରିଲାପଣର ଏକମାତ୍ର
ସାକ୍ଷୀ ହୋଇ ତମଠୁଁ ବିଦାୟ ନେବାର ପୂର୍ବ
ମୁହୂର୍ତ୍ତରୁ ବୁଡ଼ି ମରିବାକୁ ଟୋପେ ପାଣି
ନଥିବା ଅତଳତଳ ହ୍ରଦରେ କି, ଦଦରା
ନାଆର ମଂଗ ଭିଡ଼ି ଧରିବାକୁ ଜାଗା ଟିକେ
ପାଉ ନ ଥିବା କୋଉ ପରିତ୍ୟକ୍ତ ବଂଦର କି,
ପୋତି ହୋଇ ପଡ଼ିଥିବା ନଦୀ ମୁହାଁଣରେ ।

ଏଥର ମାରିବ ଯଦି ତ ମତେ ମୂଳୁସୁଁ
ମାର ମୁଁ ତ ଦିନ ବାର ଘଡ଼ି ନକ୍ଷତ୍ର ଦେଖି

ହାଜର ହୋଇଛି ଆପେଆପେ ଆସି
ତମ ଦୁଆର ମୁହଁରେ,
ଏବେଏବେକୁ ଯାହାଯାହା ଘଟି ସାରିଛି ଓ
ଯାହାଯାହା ଶେଷ ନିଃଶ୍ୱାସ ଟିକକ ଛାଡ଼ିବା ଯାଏଁ
ଆଉ ଘଟିବାକୁ ଅଛି ସେସବୁର ଟିକିନିକି
ହିସାବ ଫର୍ଦ୍ଦ ଦେବାକୁ
ବେଳ ଅଛି ବା କାହା ପାଖରେ !

ଏଂତୁଡ଼ିଶାଳର ରଡ଼ ନିଆଁଠାରୁ ରଇ ନିଆଁ ନ ନିଭିବା
ଯାଏଁ ବର୍ଷବର୍ଷ ମତେ ତ ବାଡ଼ି
ପକେଇ ଗୋଡ଼େଗୋଡ଼େ ଦିନେ
ଜଗି ବସିଥିଲ, କୋଉ ଅଜଣା ଗ୍ରହର ଭୁବନମୋହିନୀ
ସୁଂଦରୀ ଅପ୍‌ସରୀ ପରି ମୁଁ କେବେ
ତମ ପାଖେ ଥିଲି ଯେ' ମୋ
ଅସୁରୁଣୀ ରୂପଭେକ ଦେଖି ନଦେଖିଲା ପରି
ତମେ ମୁହଁ ବୁଲେଇ ନେଲ ॥

ଅସୁରୁଣୀ (୨)

ଏଥର ପଡ଼ିଲା ମୋ ପାଳି ।

ସାତ ତାଳ ପାଣି ତଳେ ସ୍ଫଟିକରେ
ଗଢ଼ା ରାଣୀହଂସପୁରରୁ କଳେବଳେ ଛାଟିପିଟି
ହୋଇ ବାହାରି ଆସିବି,
ଏଥର ମୁଁ ତିନି ପୁରୁଷ ଅମଳର ଗହଳଚହଳ
ନଥିବା ନଗୁଂଠ ତୋଟାର ଚାକୁଣ୍ଡା ଡାଳରୁ
ଭୁସ୍‌କିନା ତଳକୁ ଡେଇଁ ପଡ଼ିବି,
ଏଥର ମୁଁ ପରିତ୍ୟକ୍ତ ପ୍ରାଚୀନ ଗୁଂଫାର
ଅଣଓସାରିଆ ସୁଡ଼ଂଗ ଭିତରୁ ଆସି ପ୍ଲାଷ୍ଟିକ୍
କଂଢ଼େଇ ପରି ନଚେଇ ନଚେଇ ଶେଷରେ ତମକୁ ମାରିବି ।

ଥରେ ପଚାରୁନ, କାହିଁକି ମାରିବି ?
ବାରବୁଲା ଅବସ୍ଥାରେ ଘରୁ ଘର, ବାହାର
ଓ ବାହାରୁ ଘର ଘୂରି ବୁଲୁଥିଲାବେଳେ ଆଡ଼
ଆଖିରେ ତମେ ଥରେ ମତେ କେବେ ଚାହିଁଛ କି ?
ତମକୁ ଥରଟିଏ ଧରି ରଖି ନପାରିବାର
ନିପାରିଲାପଣରେ ଅଣନିଃଶ୍ୱାସୀ ହୋଇ ପ୍ରତି
ମୁହୂର୍ତ୍ତରେ ତିଳତିଳ ହୋଇ କେମିତି ମରୁଛି
କେବେ ତମେ ବୁଝିବାକୁ ଚେଷ୍ଟା କରିଛ କି ?
ପୂର୍ବ ଜନ୍ମାଂତରର କର୍ମଫଳରୁ ସିନା ଅସୁରୁଣୀ
କୁଳେ ମୁଁ ଦୈବାତ୍ ଜନ୍ମ ନେଲି । କିଂତୁ, ତା ବୋଲି

ମୋର କ'ଣ ଦେହମନ ଭୋକଶୋଷ ଇଚ୍ଛାଅନିଚ୍ଛା କିଛି
ନାହିଁ ମନକୁ ରସିଲା ପରି କୋଉ ପରପୁରୁଷକୁ
ସୁଖଦୁଃଖରେ ଖୋଜାଲୋଡ଼ା କରିବାର ଅଧିକାର
ନାହିଁ, କାହା ବାରି ତଳେ ଶୀତ କାକରରେ ମୁଣ୍ଡ
ଟିକେ ଗୁଂଜିବାକୁ ମୋ ଭାଗ୍ୟରେ ନାହିଁ ।

ମାଟି ପଲମରେ ଟକମକ ହୋଇ ଫୁଟୁଥିବା ଦୁଧ ପରି
ମୋ ଶିରାପ୍ରଶିରାର ତାଜା ଲାଲ ରକ୍ତ,
ଦୂରରୋଗ୍ୟ ବ୍ୟାଧି ଯଂତ୍ରଣାରେ ଧକଧକ ହେଉଥିବା
ୟେ' ଦେହର ପଚାସଢ଼ା ମେଦ ମାଂସ,
ସବୁ କାମରେ ଜୀବନ ତମାମ ଅସଫଳ ହୋଇ
ଅର୍ଜିଥିବା ମୋ ବିଫଳତାର ଶୂନ୍ୟ ନୀଳ ଫର୍ଦ୍ଦ,
ମୋର ସ୍ଥିରୀକୃତ ଭାଗ୍ୟ, ନିର୍ମମ ନିଷ୍ଠୁର ଅବର୍ତ୍ତମାନର
ଦୀର୍ଘ ଇତିହାସ, ଚମ ଧୁଡୁଧୁଡୁ ଅର୍ଥର ହାତରେ
କାହାକୁ ଟିକେ କୋଳ ନକରି ପାରିବାର କାଂଦକାଂଦ
ପଣ ଓ କଠିନ ଶିଳାଖଂଡ଼ ପରି କୋମଳ ହାୱାରେ
କ୍ଷଣକ୍ଷଣ ଭାଂଗିରୁଜି ଚୁରମାର ହୋଇ ପଡୁଥିବା
ଦଂଭିଲାପଣକୁ ଥରେ ବୁଝିବାକୁ କେବେ ମନ କରିଛ ?
ବରଂ, ଯେତେବେଳେ ଚାହିଁଛ, ବେଳଅବେଳରେ
ଜୋରଜବରଦସ୍ତ ଆସି ୟେ' ବୁଢ଼ି ଅସୁରୁଣୀ
ଉପରେ ସବାର ହୋଇଛ ।

ମୋହମାୟାରୁ ମୁକୁଳି ଅବଶିଷ୍ଟ ଦିନ କାଳ ଯୋଗିନୀ
ବେଶରେ ଜିଇବାକୁ ଅହୋଃରାତ୍ର ଚେଷ୍ଟା କରୁଥିଲା ବେଳେ
ରସିକ ନାଗର ପରି ପ୍ରତି ରାତିରେ ମୋ' ସ୍ୱପ୍ନକୁ
ଆସି କାହିଁକି ମତେ ଏତେ କଲବଲ କରି ମାରୁଛ ॥

ପୁଣି ଥରେ ପ୍ରିୟତମା

ମେଘ ମେଦୁରିତ ଘନନୀଳ ଆକାଶରେ
ଖଂଡ଼ିଉଡ଼ା ଦେଉଥିବା ତମେ କଣ ପଟାପଟା
କଳା ମେଘ, ଜୀବନ ଓ ମରଣରେ
ଦିଶ ଏଡ଼େ ଲୋଭନୀୟ ?
ଦିଗ୍‌ଦିଗଂତରେ ଖୋଜିଖୋଜି ବାଟ ପାଉ ନଥିବା
ତମେ ଗୋଟେ କ'ଣ ଦିଗହରା ଅଜଣା ଚଢ଼େଇ
ଏକାଏକା ଉଡ଼ି ବୁଲୁଛ ନାହିଁ ଡର, ନାହିଁ ଭୟ ଲାଜ ।

କଂଟକିତ ଫୁଲବନେ ତମେ ମୋର ଫୁଲରାଣୀ
ଗଭାରେ ଖୋସିଛ ଫୁଲ ନୀଳ ଅପରାଜିତାର,
ଗାଢ଼ ଲାଲ ପଟାଅଳତାରେ, ଅଗୁରୁ ଚଂଦନ
ଗୋଳା ଗୁରୁଗୁରୁ ହଳଦୀ ଗଂଧରେ ବଂଧ୍ୟା ମେଘ
ଖଂଡ଼େ ପରି ତମ ରୂପକାଂତି, ଆଚାରବିଚାର
ଶାଂତକାଂତ, ଭଦ୍ର ଓ ଉଦାର ।

ପୁଣି ଥରେ ପ୍ରିୟତମା ବର୍ଷବର୍ଷ ବ୍ୟବଧାନ ପରେ
ଖୋଲିଦିଅ ତମ ଜୁଡ଼ା, ଘନକୃଷ୍ଣ ନିଘଂଚ କେଶର
ଅରଣ୍ୟ ଶିରଶିର୍ ଝରିପଡୁ ମୁକ୍ତାର ଫସଲ ।।
ତମେ ପାଖେ ଥାଅ ବା ନଥାଅ
ଫିକା ମନ ଫିକା ଆକାଶର ଅଗଣାରେ ସାରା ରାତି
ବୃଷ୍ଟିପାତ, ସାରା ରାତି ଛଟପଟ, ସାରା ରାତି
ଅମାନିଆ ବେସୁରା ଗଜଲ ।

ଶ୍ୟାମଘନ ଭସାମେଘ ଖଂଡ଼େ ପରି ତମ ସ୍ମୃତି
ବେଳେବେଳେ ଭାସି ଆସେ ଉତ୍ତର ଷାଠିଏ ପରେ
ଯିବା ପାଇଁ ସଜବାଜ ହୋଇ ବସିଥିଲାବେଳେ,
କାହିଁକି ଏମିତି ହୁଏ ବିନା କାରଣରେ, ଦର୍ଜ ବଢ଼େ, ଦର୍ଜ
ପୁଣି, ବଢ଼େ ବେଲୁବେଲ ଦେହ ମନ ହାଡ଼ ଓ ଗଂଠିରେ ।

ସାରା ରାତି ବର୍ଷାରାତି ସାରା ରାତି ହେମାଳ
ପବନ ବହେ ଆକାଶେ ମହାକାଶେ
ନଚାଇ ନଚାଇ ରୁଗ୍ଣ ଡେଣା ଅପୂର୍ବ
ଛଂଦ ଓ ରାଗରେ,
ଆକାଶେ ଆକାଶେ ମେଘ, ମେଘ
ମେଘ ପଟୁଆର ଛୁଟେ ଖଂଡ଼ମଂଡ଼ଳରେ ।

ମୋ ଆୟତେ ମୁଁ ରହେନି ଅଚାନକ ଆତତାୟୀ
ପରି ଆଷାଢ଼ ଆସିଲେ, ଡିବିଡ଼ିବି ମେଘଡଂବରୁ
ବଜେଇ ରକ୍ତରେ ସ୍ନାୟୁରେ ମୋର ସାମଗାନ କଲେ
ଦେହେ ମନେ ତାତି ବଢ଼େ, ତାତି ବଢ଼େ ବେଲୁଁବେଲ ଥର୍ଥର
ଅଂଗପ୍ରତ୍ୟଙ୍ଗରେ, ତମ ସ୍ମୃତି ମନେ ପଡ଼ିଗଲେ ।

ତମେ କଣ ବାଟହୁଡ଼ି ବସିଥିବା ଅଜଣା ଚଢ଼େଇ
କ୍ଷଣେ ଦୃଶ୍ୟ କ୍ଷଣକେ ଅଦୃଶ୍ୟ ତମ ସମଗ୍ର ଶରୀର !
ମାଟିରେ ଲୋଟୁଛି ଏଠି ମାଟି ଘଟ
ମେଘିଲ ଆକାଶ କୋଳେ ନୃତ୍ୟରତ ଦ୍ୱିତୀୟ ଈଶ୍ୱର ॥

ଭିକାରୁଣୀ

ଭିକାରୁଣୀ ବେଶରେ କାହିଁକି ଆସିଛ ଏଠିକି ?

କୋଡକୋଡ ଦୁର୍ଲଭ ପଦାର୍ଥମାନ ତମେ ଗଲାବେଳେ ସାଂଗରେ
ନନେଇ ଏଠି ଛାଡ଼ିଦେଇ ଯାଇଥିଲ କି ଯାହାକୁ
ନେବାକୁ ଏତେ ବର୍ଷ ପରେ ଆସିଛ ଓ ତମେ
ଆସିଯିବା କ୍ଷଣି ଗଂଠି ପଡ଼ିଥିବା ଗଂଠିଲିରୁ ଖୋଜି କାଢ଼ି
ୟେ' ଅଭାଗା ଟେକିଟାକି ଦେବ ତମରି ହାତକୁ ।

ବର୍ଷବର୍ଷ ପରେ ପୁଣି ଥରେ ଯେଉଁ ଘର ଦୁଆର
ସାମ୍ନାରେ ଭିକାରୁଣୀ ବେଶରେ ହାତପାତି ଠିଆ
ହୋଇଛ ଥରେ ଭାବିଛ କି, ସେ ଘର କାହାର ?
ଘର ଭଳି ଦିଶୁଥିବା ସବୁ ଘର କଣ ଘର ନା,
ଘରେ ଥିବା ପଦାର୍ଥମାନଂକୁ କିଛି କ୍ଷଣ ପାଇଁ
ଜଗି ବସିଥିବା ନାଆଁକୁ ମାତ୍ର ମୂଢ଼ ପାମରର !

ନିଜ ଜିଦିରେ ଘର ଆଗେ ତିନି ଗାର ଟାଣି ତମେ
ଗଲା ଦିନଠୁ ଏ ଘର କଣ ଆଉ ଘର ହୋଇଅଛି ?
ଭୂତ ପ୍ରେତ ଡାହାଣୀ ଚିରଗୁଣୀ ଓ ମହାମହା ମତଲବବାଜି ଭଂଡ଼
ସାଧୁସଂଥ, ଅତିଥିଂକ ଗହଳିରେ ବହୁଚର୍ଚ୍ଚିତ ଘରଟି
ଯଦିଓ ଶ୍ରୀହୀନ ଦିଶୁଛି ତଥାପି, ପଡୁଛି ଉଠୁଛି ।
ତମେ ଘର ଛାଡ଼ି ଗଲାଦିନଠୁ ଯାହା ଯେଉଁଠି, ଯେମିତି
ଅବସ୍ଥାରେ ଥିଲା ଠିକ୍ ସେମିତି ରହିଛି । ଘରର ସେ
ମହାମୂଢ଼ ମାଲିକ ଘରୁ କେବେଠୁଁ କୁଆଡ଼େ

ଯାଇଛି, ବଂଚିଛି କି, ମରିଛି କି, କୋଉ ନଥିବା
ରାଜ୍ୟରେ ମୁଂଡ଼ ଟିକେ ଗୁଂଜିବାକୁ ବାରବୁଲା ପରି
ଘୂରି ବୁଲୁଛି କିଏ ତାର ଆଉ ଖବର ରଖିଛି ନା,
ତା ନୂଆ ପତ୍ତା ଓ ଠିକଣା କାହାକୁ ବା' ଜଣାଅଛି ?

ମୋ ଦୁଃଖ କଥା ମୁଁ କାହା ଆଗେ କହିବି ?
ଦୁରଦୁର୍ ମାର୍ମାର୍ କରି ସେ ଗାଆଁ ଲୋକେ
ମତେ ସେଠୁ ଘଉଡ଼ାଇ ଦେଲେ । ଚିରା ଫଟା
ପ୍ୟାଂଟ କୁର୍ତ୍ତା ପିଂଧା ଅଧାଲଂଗଳା ପିଲାଏ
ଗାଈଗୋଠକୁ ଘଉଡ଼େଇ ଦେଲାପରି
ପଛେପଛେ ରଡ଼ାକିଲା କରି ଗାଁ ଶେଷ ମୁଂଡ଼ ଯାଏଁ
ମତେ ତଡ଼ି ନେଲେ ତାପରେ, ଯିଏ ଯାହା ଘରକୁ ଫେରିଲେ ।

ଭିକାରୁଣୀ ବେଶରେ ଯାଇଥିଲି ବୋଲି ନିଜ ମଂଦ
ଭାଗ୍ୟକୁ ମୁଁ କେତେ ନିଂଦିଲି । ଯେଉଁ ପ୍ରିୟ ପୁରୁଷଂକୁ
ଛତିଶ ବର୍ଷ ପରେ ଟିକେ ଦେଖିବାକୁ ଯାଇଥିଲି
ତାଂକୁ ନଦେଖି ଶେଷକୁ ଏତେ ହୀନସ୍ତା ହୋଇ ଯେ'
ଫେରିବି ସେକଥା କଣ ସ୍ୱପ୍ନରେ ଭାବିଥିଲି ?

ଏବେଏବେକୁ ତ ଖାଲି ହା-ହୁତାଶରେ ଦିନ ବଂଚିବାର
ବେଳ, ଏବେ ଏବେକୁ ତ ନାଁ ମୁଁ ଏ କୂଳର ନା, ସେ
କୂଳର ? ତଥାପି, ଯେ ପୋଡ଼ା ପିଂଡ଼ ତାଙ୍କୁ ଟିକେ
ଦେଖିବାକୁ ଉହଳବିକଳ ହେଉଛି କିଂତୁ, ମୁଁ
ଯେ' ଜୀବଦ୍ଦଶାରେ ଆଉ କଣ ଦେଖି ପାରିବି ?
ତାଂକୁ ନ ଦେଖିବା ଯାଏଁ ଯୋଉ ଭିକାରୁଣୀ ବେଶରେ
ଲୁଚିଛପି ବାରଦ୍ୱାର ଘୂରି ବୁଲୁଛି ସେଇ
ଭିକାରୁଣୀ ବେଶରେ ବାକିଥିବା ଦିନତକ ଘୂରି ବୁଲୁଥିବି ।

ବିଶାଖା

କାଲି ରାତିରେ ନିଦ ଭାଂଗିଗଲା ପରେ
'ବିଶାଖା' 'ବିଶାଖା' କହି ଡହଳବିକଳେ
ତମକୁ କେତେ ଡାକିଲି, ଯେତେଥର ତମ
ନାଆଁ ଧରି ଅର୍ଦ୍ଧଚ୍ଛରେ ଡାକୁଥିଲି
ସେତେଥର ଅବ୍ୟକ୍ତ ଭୟ ଓ ଅଜଣା ଆତଂକରେ
ଘୋରାଚଂଦନ କାଠଖଂଡ଼େ ପରି ଭିତରେଭିତରେ
ବେଲୁବେଲ ସରି ଯାଉଥିଲି ।

ନିଦ ଭାଂଗିଗଲା ପରେ ଶାଂତିରେ ନା ଟିକେ
ବସି ପାରିଲି ନା, ଉଠି ପାରିଲି ? ନିଦ ମଳମଳ
ଆଖିରେ କଳା ଚଷମା ପିଂଧା ଚଉଷଠି ବର୍ଷର
ଅଥର୍ବ ବୁଢ଼ାଟି ପରି ଏଠିସେଠି ତମକୁ କେତେ ଖୋଜିଲି
କଳା କିଟିମିଟି ଖଂଡ଼େ ଚଲାମେଘ ଭଳି ତମେ କୋଉ ମୋ
ହାତ ପାଆଂତାର ଆକାଶରେ ଲୁଚିଛପି ଥିଲ କି
ଦେଖି ନଦେଖିଲା ପରି ମୁଁ ମୁହଁ ବୁଲେଇ ଆଣିଲି ।

'ବିଶାଖା', 'ବିଶାଖା' କହି ତମକୁ ଯେତେ ଡାକିଲେ ବି
ତମେ ଥରେ ହେଲେ କ'ଣ ଓ କଲ ନା, ଛତିଶ ବର୍ଷ
ତଳର ସେଇ ପ୍ରଥମ ଓ ଶେଷ ପ୍ରେମିକକୁ
ଟିକେ ମୁହଁ ବୁଲେଇ ଚାହିଁଲ ?
ଛନଛନିଆ କଲରାଲତାଟି ପରି କଂଟାଝଂଟାର ଭାଡ଼ି

୧୧୩ କେବଳ ପ୍ରେମରେ

ଉପରେ ଗୁଡ଼େଇତୁଡ଼େଇ ହୋଇ ଆଗକୁଆଗକୁ ଏକମୁହାଁ
ହୋଇ ଖାଲି ଯାହା ମାଡ଼ିଯାଉଥିଲ ।
ଛତିଶ ବର୍ଷ ତଳେ ତମ ଘର ଆଗ ଗଳି ମୋଡ଼ରେ
ବାବନାଭୂତ ପରି ଟହଲ ମାରୁଥିବା ନଖରା ଟୋକାଟି
ଦିନେ ଯେ' ଦୁଇ କୂଳ ଲଂଘି ବୋହୁଥିବା ନଈ ପରି
ତମ ପାଖେ ବଂଧା ପଡ଼ିଥିଲା, କେମିତି ଭୁଲିଭାଲି ଗଲ ?

ବହୁଚର୍ଚ୍ଚିତ ସେ ମାର୍କାମରା ଘର ଏବେ କଣ ଘର
ହୋଇଅଛି ନା, ଅପ୍ରେମପ୍ରେମରେ ଅଂଧ ହୋଇ
ଫିନ୍‌ଫିନ୍ ପତଳା ଶ୍ୟାମଳ ବର୍ଣ୍ଣର ସେ ବଗୁଲିଆ
ଟୋକା ଚୁମାଟିଏ ପାଇଁ ତମ ପାଖେ ଅଝଟ କରୁଛି ?
ତମେ ଜାଣିନ କି, ତମେ ଗଲା ଦିନଠାରୁ କର୍ମ
ଅବଳକୁ ସେ ପରା ତା ବାଟେବାଟେ ଯିବା ପାଇଁ
ସଜବାଜ ହୋଇ କେବେଠୁଁ ଏଠି ବସି ରହିଛି ॥

ବାଂଧବୀ

ସୁରଂଗିଣୀ, ତମେ କହିଲେ ବାରଅବାର ଋତୁଅଋତୁ
ନମାନି ପାଣି ନଥିବା ପୋଖରୀରୁ ନୀଳପଦ୍ମ ତୋଳି
ଆଣିଦେବି ଓ ସେଥିରେ ତମ ମନ ନବୁଝିଲେ
ଅମରାବତୀପୁରରୁ ଲକ୍ଷେ ଭାର ପାରିଜାତ
ଆଣି ତମ ପାଦେ ସମର୍ପିବି ।

ହରିଦ୍ରା ଜଳରେ ତମ ଶ୍ରୀଅଂଗକୁ ଧୋଇଧାଇ ଦେବି
କର୍ପୂର ଚଂଦନ ଗୋଳା ସୁଗଂଧ ଦ୍ରବଣରେ
ଚିନିଚଂପା କପାଳକୁ ଚିତ୍ରନାରୀ ପରି ସଜେଇବି ।

ସୁରଂଗିଣୀ, ଦିନେ ନୁହଁ ମାସେ ନୁହଁ, ବର୍ଷବର୍ଷ
ଧରି ଛତିଶ ବର୍ଷ ସୁଖେଦୁଃଖେ ତମ ସାଂଗେ ଦିନ ମୁଁ
କାଟିଲି, ଅଳ୍ପେବହୁତେ ଯାହା କିଛି ରଖିଥିଲି
ସବୁ ତ ନିଃସର୍ତ୍ତରେ ତମକୁ ଦେଲି,
ଆଉ ଦେବାକୁ ମୋ ପାଖେ କ'ଣ ଅଛି ଯେ'
ତମକୁ ନଦେଇ ଆଉ କାହା ପାଇଁ ସାଇତି ରଖିଲି ?
ଦାନୀ କର୍ଣ୍ଣ ପରି ହାତ ଟେକି ତମକୁ ସବୁ ତ ଦେଲି ।

ଭାବଅଭାବରେ, ବଂଧନମୁକ୍ତିରେ, ସଂଭୋଗ ଓ ସନ୍ନ୍ୟାସରେ
ତମକୁ ଯେ' ଜୀବନକାଳ ପାଇଁ ନିରୁତା ସାଥିଟିଏ କଲି ।
ଛ ଖଂଡ଼ି କାଠ, ମୁଠେ ଖଇକଉଡ଼ି ଓ ଅଧ କପ୍ ଗଂଗାଜଳ

ଛଡ଼ା ମୋ ପାଖେ ଆଉ କାଣିଚାଏ କ'ଣ ଅଛି ଯେ'
ତମକୁ ନ ଦେଇ ରଖିଲି ।

ସୁରଂଗିଣୀ, ଯଦି ମୋ ବଳକା ଆୟୁଷ ଟିକକ କଳେବଳେ ନେଲେ
ତମ ମନବାଂଛା ପୂର୍ଣ୍ଣ ହେବ ବରଂ ଆସ, ଲୁଚିଛପି ଡାକିନୀ
ବେଶରେ ଅବେଳବେଳରେ,
ହାତରେ ନମାରି ଭାତରେ ମାରିଲେ ଯଦି ତମ ଓରମାନ
ମେଂଟିଯିବ, ମାର ପଛେ ତାର ପଛେ ଖଡ୍ଗରେ ବର୍ଚ୍ଛାରେ
କିଂବା, ତମ ଅଭିଧାନେ ଥିବା ଯେତେଯେତେ ଦିବ୍ୟଅଦିବ୍ୟ ଭାଷାରେ ॥

ଅଋତୁଋତୁ

ସେ ଋତୁର ନାଆଁ କ'ଣ କହ ଗାୟତ୍ରୀ, ଯେଉଁଠି
ବସଂତ ନଥିବ କିଂତୁ, ବାହାରର ଭିଡ଼ ଜମିଥିବ ।

ସେ ଋତୁର ନାଆଁ କ'ଣ କହ ଗାୟତ୍ରୀ, ଯେଉଁଠି
ପ୍ରେମ ନଥିବ କିଂତୁ, ବିରହାନଳେ ମାଟିଘଟ ଶରୀର
ଭିତରେଭିତରେ ଜଳିପୋଡ଼ି ଯାଉଥିବ ।

ଏମିତି ଋତୁଟେ ଯେ' ମର୍ତ୍ତ୍ୟମଂଡ଼ଳରେ ଅଛି କି,
ଗାୟତ୍ରୀ, ଯେଉଁଠି ସଂଭୋଗ ନଥିବ କିଂତୁ, ସନ୍ନ୍ୟାସ
ଥିବ । ଆଶା ନ ଥିବ କିଂତୁ, ନିରାଶାର ବାଲୁଚର
ମାଇଲମାଇଲ ଯାଏଁ ଲଂବିଥିବ । ମିଳନବିରହ
ରାହୁ ପରି ବଳକା ଆୟୁଷତକ ପଳପଳ ନଷ୍ଟ କରୁଥିବ ।

କହ ଗାୟତ୍ରୀ, ସେ ଅଜବ ଋତୁର ନାଆଁ କ'ଣ ?
ଅଜଣା ଅତିଥି ପରି କେବେ ସେ ଋତୁ ଏଠି ଆସି
ମୁହଁ ଦେଖାଏ, ଆସୁ ନଆସୁଣୁ ଅଧା ବାଟୁ ପୁଣି
ବାହୁଡ଼ି ଯାଏ । ଯାଏ ଯେ' ଯାଏ
ବର୍ଷବର୍ଷ ତା'ର ଆଉ ଦେଖା ନଥାଏ ।

ସେ ଋତୁ କି' କିଚିରିମିଚିରି ଶବ୍ଦ କରୁଥିବା ନୀଡ଼ହରା
ପକ୍ଷୀ ଶାବକଂକ ଋତୁ ? ନା, ସଦ୍ୟ ବିଧବାର ଡହଳବିକଳ
ଗହନ ବିଷମ, ଋତୁ ?

ସେ ଋତୁ କି କୁଳଶୀଳହୀନ ଅକ୍ଷମ ଜନର ସ୍ମୃତି
ଜରଜର ରସୋତ୍ତୀର୍ଣ୍ଣ ଋତୁ ?
କ'ଣ ତା'ର ରୂପରେଖ, ବର୍ଣ୍ଣ ଓ ବୈଭବ ଜଣାଥିଲେ
ଜଣାଥିବ କେବଳ ତୁମକୁ ।

ସେ ଋତୁ କି' କନିଅର କଦଂବର ? ଅଦେହଦେହର
ଘମାଘୋଟ ଋତୁ ? ସେ ଋତୁ କି' ବଜ୍ର ବର୍ଷା ତଡ଼ିତ୍‌ର
ଘନାଘନ ଋତୁ ?
ସେ ଋତୁ କି' ନୀଳମଘୀ ପାଟଶାଢ଼ି ପିଂଧା ପ୍ରଥମ
ପ୍ରେମିକାର ରୁକ୍‌ରୁକ୍ ଅପାସୋରା ଋତୁ ? ନା, ନାଲି
ଗୁଲୁଗୁଲୁ ସାଧବବୋହୂର ଘନଘୋର ଘଟାଟୋପ
ଅଋତୁର ଋତୁ ?
ଜଣାଥିଲେ ଜଣାଥିବ ଗାୟତ୍ରୀ, କେବଳ ତମକୁ ॥

ତେର ଦିନରେ

ଅତିଥି ଅବାରରେ ପୁଣି, ଠିକ୍ ତେର ଦିନରେ
ଘରର ଏରୁଂଢ଼ି ଡେଇଁ ନଯିବାକୁ ରାଣ ନିୟମ
ପକେଇ ତାଂକୁ କେତେ କହିଲି, ମୋ କଥା କୋଉ ସେ
ଶୁଣିଲେ । ଘରୁ ଗୋଡ଼ କାଢ଼ି ଯିବା କଥା ତ ଏକା ଜିଦି କରି
ଗଲେ, ଗଲେ ତ ଗଲେ, ଥରଟିଏ ଆଡ଼ ଆଖିରେ
ଆଉ ଫେରି ଚାହିଁଲେନି ।

ସେ ଗଲା ପରେ ମତେ ଲାଗିଲା ଭୂତକୋଠି ପରି
ଏ ଘର ମୋ ଉପରେ ଯେମିତି କିଳିକିଳା ନାଦ କରି
ଭୁଶୁଡ଼ି ପଡୁଛି । ମୋ ପାଦ ତଳକୁତଳକୁ ଖସି କୋଉ
ଅଂଧାରୀ ସୁଡ଼ଂଗର ଶେଷ ପାହାଚରେ ଯାଇ ଲଟକିଛି ।

ଦେଖୁଦେଖୁ ଛତିଶ ବର୍ଷ ଯା' ଭିତରେ ବିତି ଗଲାଣି ।
ଗୁଳିଗୋଳା ବାରୁଦର ଆତସବାଜି ଖେଳରେ, ବୋମାମାଡ଼
ରାସ୍ତାରୋକ ଧର୍ମଘଟ ସ୍ଲୋଗାନରେ କେତେକେତେ
ରକ୍ତପାତ ଘଟିଲାଣି । କେତେକେତେ ଚିହ୍ନଅଚିହ୍ନା ମୁହଁସବୁ
ଦୃଶ୍ୟପଟରୁ ଲିଭିଲାଣି ସେସବୁର ଟିକିନିକି ହିସାବ ରଖିବାକୁ
କାହା ପାଖେ ବେଳ ଏଠି ଅଛି ?
ପୂର୍ବଜନ୍ମ କଳୁଷର ଭାର ବୋହିବୋହି ମୁଁ ଯା' ଭିତରେ
ଦରବୁଢ଼ା ପାଲଟି ଯାଇଛି ।

ଛତିଶ ବର୍ଷ ତଳର ପାଂଚ ଫୁଟ ସାତ ଇଂଚର ସେ
ନହନହକା ନଖର ଟୋକା ଆଉ କ'ଣ ଟୋକା
ହୋଇଅଛି ? ଶଣ ଫୁଲ ପରି ଉଡୁଥିବା ଧୋବ ଫରଫର
ଅଲରା ବାଳକୁ ରଂଗ କରି, ଜରାମରଣର ଥର୍ଥର
ଶରୀରକୁ ବୋହିବୋହି ଭିକ ଥାଳି ଧରି
ଯୋଗୀ ପରି ଏଠି ଯାହା ହୀନସ୍ତା ହେଉଛି ।

ମେଷ ରାଶିକୁ କାଳସର୍ପ ଯୋଗ ଅଛି ବୋଲି ଅନୁରାଧା
ତମେ କଣ ଜାଣି ନଥିଲ ?
କାହା କଥା ନଶୁଣି ନମାନି ଗଣିଗଣି ଠିକ୍ ତେର
ଦିନରେ ଘର ଛାଡ଼ି ଗଲ ।
ତମ ଅନୁପସ୍ଥିତିରେ ନାଉରୀ ନଥାଇ ଦୁଇ କୂଳ
ଉଛୁଳି ବହୁଥିବା ଭରା ନଈ କେମିତି ମୁଁ ପାରି ହେବି
ଥରେ ହେଲେ କଣ ଭାବିଲ !

ଅନୁରାଧା, ତମେ ଗଲାପରେ ଘୋରବନ ପରି
ଲାଗୁଛି ଯେ' ସ୍ଫଟିକର ଘର । ଦିନେ ନା, ଦିନେ
କୋଉଠି ନା, କୋଉଠି ପୁଣି, ଆମ ଭେଟ ହେବ ନିଶ୍ଚେ
ସେଇ ଭରସାରେ ତଥାପି, ବସି ରହିଛି ଯେ ହୀନ ପାମର ॥

ପାଗଳପଣ

ମତେ ନିଅ, ନେଇ ଯାଅ ମୋ ପାଗଳପଣର
ଅବୁଝା ପ୍ରିୟତମ ଅସତ୍ୟର ଶ୍ୟାମଳ ବନାନୀରୁ,
ବିଷୟାବାସର ଅଂଧମୁହାଣରୁ, ମରଣର ଅନିଶ୍ଚିତ
ଉପତ୍ୟକାରୁ ତମ ଉଷୁମ କୋଳକୁ ।
ଓ ପକ୍ଷୀ ଜନ୍ମରୁ ମତେ ଶେଷଥର ପାଇଁ ପାରି କରିଦିଅ ।

ହେ ମୋର ବେହିସାବୀ ବେଫିକର ପ୍ରିୟତମ !
ମୋ ହାତ ଧରି ଏମିତି ଏକ ନଥିବା ରାଜ୍ୟକୁ
ମତେ ନିଅ ଯାହାର ଭୂଗୋଳ କି, ଇତିହାସ
ନଥିବ, ଠାବଠିକଣା ନଥିବ କି, ଆରମ୍ଭ ଶେଷ ନ ଥିବ,
ଉତ୍ସବ ମୁଖର ମହାଶୃଂଗାରର ରାତି ପାହୁ ନପାହୁଣୁ
ବ୍ରହ୍ମକମଳ ଫୁଲର ଭୁରୁଭୁରୁ ଗଂଧରେ ଯେ' ଜଡ଼
ଶରୀର ପରମ ଶାଂତିରେ ଶିର୍‌ଶିର୍ ହୋଇ ଉଠୁଥିବ ।

କେହି ବୁଝୁ ବା' ନ ବୁଝୁ ମୁଁ ଜାଣେ, ଜାଣେ ପ୍ରିୟତମ
ଆଦିଅଂତ ନଥିବା ଉଦ୍‌ବାର୍ଯ୍ୟ ସମୟ ପରି ମୋର ପ୍ରଥମ
ଓ ଶେଷ ପ୍ରେମ । ନେବ ତ ସେଥିରୁ ରତିଏ ମାତ୍ର ନିଅ ।
ଅଂଧ ମହୁମାଛି ପରି ଥମ୍‌ଥମ୍ ହେଉଥିବା
ଶ୍ୱାସପ୍ରଶ୍ୱାସରେ ଶେଷବେଳ ଯାଏଁ ଗୁଣୁଗୁଣୁ ହେଉଥାଅ ।

ପ୍ରେମ ପିଆଲାର ଅଶାଂତ ଯୋଗିନୀଟି ପରି ବିରହ
ଅନଳେ ପୋଡ଼ିଜଳି ଝାଡ଼ ବନସ୍ତରେ ଦିନ ମୁଁ କାଟୁଛି ! କଠିନ

ଶିଳାଖଂଡ଼ ପରି ଏ ଦେହ, ଏ ମନର ମଂଦିର ବେଲୁବେଲ ଭୁସ୍‌ଭାସ୍
ଭୁଶୁଡ଼ି ପଡୁଛି । ଖଂଡ଼ ପ୍ରଳୟରେ ଜରାଜୀର୍ଣ୍ଣ ମହାଦ୍ରୁମ ଭଳି ଟଳି
ପଡ଼ିଲା ବେଳକୁ ଉଜ୍ଜ୍ୱଳ ଜହ୍ନାଲୋକ ପରି ତମ ମୁହଁ
ମୋ ଆଖି ସାମ୍‌ନାରେ କ୍ଷଣକ୍ଷଣ ଭାସି ଯାଉଛି ।

ଆମେ କେବେଠୁଁ ଯିଏ ଯାହା ସୀମା ଭିତରେ
ବଂଚି ରହିଛେ ଏଇ ଭ୍ରାଂତ ବିଶ୍ୱାସରେ ଯେ' କାଳେ ମୁଁ
ବା, ତମେ ଦିନେ ଆସି ପହଂଚିଯିବା ଗୋଟିଏ ବୃତ୍ତର
କେଂଦ୍ର ବିଂଦୁରେ ଓ ଶେଷ ନିଃଶ୍ୱାସ ଟିକକ ଛାଡ଼ିଲା
ବେଳକୁ ନିଜକୁ ନିଜେ କହିବା 'ଭଲପାଅ ଭଲପାଅ
ତମେ ମତେ, ମୁଁ ତମକୁ ଜନ୍ମଜନ୍ମାଂତରେ ।'

ଏ ଜନ୍ମେ ନ ହେଲେ ନାହିଁ, ଦୁଃଖ କ'ଣ ?
କୋଟିକୋଟି ଜନ୍ମଜନ୍ମାଂତର ଯାଏଁ ଆମେ ଦୁହେଁ
ବଂଧା ପଡ଼ିଥିବା ଗୋଟିଏ ଗଂଠିରେ, ଉଜୁଡ଼ା କ୍ଷେତ
ଆମ ସଜଡ଼ା ନ ହେଲା ଯାଏଁ ଗୁଡ଼େଇତୁଡ଼େଇ ହୋଇ
ରହିଥିବା ଜୀବନେ ମୃତ୍ୟୁରେ ॥

ଏତେ ରାତିରେ

ଏତେ ରାତିରେ ପୁଣି, ଏମିତି ଅବେଳାରେ କିଏ ମୋ
ଶୋଇବା ଘରର କବାଟ ଠକ୍‌ଠକ୍ କରୁଛି ? ସେ କ'ଣ
ଜାଣିନି, ଆଜି ରାତିକ ପାଇଁ ମୁଁ ଏ ଘରେ ଅଛି
କାଲି ଏଇ ଦେହ ଏଇ ମନ ନେଇ ଏଠି କି, କୋଉଠି
ସଶରୀରେ ଥିବି କି, ନଥିବି ସେକଥା ସେ କ'ଣ ଜାଣିଛି
ନା, ମତେ ଜଣାଅଛି ।

କାଲି ରାତିରେ ଯିଏ ମୋ ଘରର କବାଟ ଠକ୍‌ଠକ୍
କରୁଥିଲା ସେ ମୋର କିଏ କି ?
ସୁକୁସୁକୁ ହୋଇ ଆଡ଼ବାୟାଣୀଙ୍କ ପରି କାହିଁକି
ସେ ବାହୁନୁଛି କୌଣସି କାରଣ ନଥାଇ କବାଟ
ପାଖରେ, ଯେମିତି ଉଦାସ ପବନ ବାହୁନେ ଝାଉଁଗଛର
କୋମଳ ପତ୍ରରେପତ୍ରରେ, ବାହୁନା ଜାଣିନଥିବା
ବୁଢ଼ିଅସୁରୁଣୀ ଯେମିତି ଦେଖିଶିଖି
ବାହୁନିବାକୁ ଚେଷ୍ଟା କରୁଥାଏ ନିଜ ପୁଅ ମୁଣ୍ଡ ନିଜେ
କାଟି ପୋଷାପୋଷ ରକ୍ତ ପିଉଥିବାବେଳେ, କାଉ
କି, କୋଇଲିଟିଏ ନଥିବା ଯେ' ମହୀମଂଡ଼ଳରେ ।

ଏମିତି ଦେଖିବାକୁ ଗଲେ ମୁଁ ତ ସହଜେ ଆଜନ୍ମ
ଡରକୁଳା ଓ ଦୁର୍ବଳ । କି ଶତ୍ରୁ, କି ମିତ୍ର
କାହା ଦୁଃଖ ସହି ପାରେନି ବୋଲି ଦୁଇ ଆଖି
ମୋର ଟିକକ କଥାରେ ଲୁହ ଛଳଛଳ ।

ବହୁ କଷ୍ଟରେ ନିଜକୁ ସଂଭାଳି ନେଇ ନିଦ ମଳମଳ
ଆଖିରେ ଖଟରୁ ଉଠିଲି ଯେଉଁ ପଟାଖଟରେ
'ମାଛିକୁ ମ' ନ କହି ଉତ୍ତର ଦିଗକୁ ମୁହଁ କରି
ଛତିଶ ବର୍ଷ ଜଡ଼ ଶରୀରକୁ ଧରି ପଡ଼ି ରହିଥିଲି,
କଳା କିଟିମିଟି ଅଂଧାରରେ ବାଟଘାଟ ଭୁଲି
ଡରିଥରି ଅର୍ଡଛରେ କବାଟ ଖୋଲିଲି ।
ଭିତର ବାହାର ଚାରିକୋଣ ଚାରିଦିଗ ସବୁଆଡ଼କୁ ଚାହିଁଲି
କିଂତୁ, ସେ କୋଉ ସେଠି ଆଉ ଥିଲା ଯେ' ତାକୁ ନଭେଟି
ତା' ସାଂଗେ ପଦେଅଧେ ଦୁଃଖସୁଖ ନହୋଇ ଫେରି ଆସିଲି ।

ଆଖିପତା ଯେତେବେଳେ ବୁଜି ହୋଇ
ଆସୁଥାଏ ସେ ଡାକିନୀର ରୂପଭେକ ଚିତ୍ରନାରୀ ପରି
ଗୋଟାପଣେ ମୋ ଆଖି ସାମ୍ନାରେ ଦାଉଦାଉ
ଜଳି ଉଠୁଥାଏ ଯେମିତି କି, ଶରତ ଆକାଶେ
ମନ ଖୁସିରେ ଉଡ଼ି ବୁଲୁଥିବା ଘନକଳା ମେଘ ଖଂଡ଼େ
ବର୍ଷିବର୍ଷିବ ହୋଇ ଜମା ବର୍ଷୁ ନଥାଏ
ଅଥଚ, ବର୍ଷିବାର ସଂଭାବନା ଥାଏ ।

ବଂଧନରୁ, ବିଷୟାବାସରୁ ମୁକୁଳି
ନପାରି ରାତିସାରା ଗୃହବଂଦୀ ପରି ଅନିଶ୍ଚିତ
ଭବିଷ୍ୟତ କଥା ଭାବିଭାବି ଅନିଦ୍ରାରେ ଛଟପଟ ହେଲି
ଅନ୍ୟ କାହାର ଦୋଷାଦୋଷ ନ ଧରି ନିଜ ଭୁଲ୍ ଓ
ନିର୍ବୋଧତା ପାଇଁ ନିଜ ଭାଗ୍ୟକୁ ହିଁ ନିଂଦି ବସିଲି ॥

ଘରୁ ବାହାରିଲାବେଳେ

ଜାମାଯୋଡ଼ ହୋଇ ଘରୁ ବାହାରିଲାବେଳେ
ଯାହା ମୁହଁ ପ୍ରଥମେ ଦେଖିଲି ସେ ମୁହଁ
କଣ ଛତିଶ ବର୍ଷ ତଳର ମୁହଁ ପରି ଦିଶୁଥିଲା ?
ଭିନ୍ନଭିନ୍ନ ଆକୃତି ଓ ଭିନ୍ନଭିନ୍ନ ରଂଗର କେତେକେତେ
ଚିହ୍ନାଅଛିହ୍ନ ମୁହଁ ମନର ମାନଚିତ୍ରରୁ ଯେ' ଲିଭିଗଲାଣି
ସେସବୁର ଟିକିନିକି ହିସାବ ମୋ ପାଖେ ନଥିଲା ।
ଉଦାସ ଅପରାହ୍ନର ସ୍ଥିରଚିତ୍ର ପରି ସେ ମୁହଁଟି ସାଂଗେ
ମୋର କି ଭାବ ଥିଲା କେଜାଣି
ସାରା ଜୀବନକାଳ କଲବଲ ହୋଇ ମରିବାକୁ ହେଲା ।

ଯିବା ବାଟରେ ଯାହାଂକୁ ଯେଉଁଠି ଭେଟିଲି ସେଠି
ମୁଁ ଦଂଡ଼େ ହେଲେ କ'ଣ ଅଟକି ପାରିଲି ?
କାହିଁକି ଅଟକିଥାଂତି ? ସେମାନେ ମୋର କିଏ କି ?
ମୋ ପ୍ରାଣର ଅଲୋଡ଼ା ଦୋଷର ? ଅଭାବଭାବର
ଈର୍ଷାନ୍ୱିତ ସହଯାତ୍ରୀ ? ଅମଣିଷ ପଣିଆର ଧୂର୍ତ୍ତ ସତୀର୍ଥ
ନା, ମୋ ଅସଫଳତାର ପାଗଳପଣ ?

କିଂତୁ, ଧର୍ମକୁ ସାକ୍ଷୀ ରଖି ଯାହାକୁ ଜେବେ ଏ
ଜୀବନେ ମୁହାଁମୁହିଁ ଭେଟିବିନି କି, ଭେଟ ହେଲେ
ନଭେଟିଲା ପରି ବାଟ ଭାଂଗି ଚାଲିଯିବାକୁ କଥା
ଦେଇଥିଲି ମୁଁ କ'ଣ ମୋ' କଥା ଶେଷ ଯାଏଁ
ଅକ୍ଷରେଅକ୍ଷରେ ରଖି ପାରିଲି ?

ଲକ୍ଷ୍ମୀପ୍ରତିମା ପରି ଗୋଟିଏ ଚାଉଳେ ଗଢ଼ା ଲାବଣ୍ୟ
ଜରଜର ଅପରୂପା ଅନିଂଦ୍ୟ ସୁଂଦରୀ
ଯାହାଂକ ଗଳାରେ ଲକ୍ଷେ ନୀଳ ଅପରାଜିତାର
ହାର, ଅପହଂଚ ଗ୍ରହ ମଂଡ଼ଳର ନୀଳ ନିବିଡ଼
ହ୍ରଦରେ ସ୍ନାନରତା ଓଦା ଜୁଡୁବୁଡୁ ଅପ୍‌ସରୀ
ପରି ଯାହାଂକ ଶରୀର, ମୌନ ଅରଣ୍ୟାନୀ
ପରି ଯାହାଂକ ଆଲୁଳାୟିତ କେଶ ମୁଁ ପୁଣି, ଥରେ
ବର୍ଷବର୍ଷ ବିତିଯିବା ପରେ ତାଂକ ପ୍ରେମରେ ପଡ଼ିଲି ।

ଭଲ ଅଛ ? ଏତେ ଦୀର୍ଘ ଏତେ ଲଂବା ଖାଁ ଖାଁ
ସମୟ ଏକାଏକା କାଟୁଛ କେମିତି ? ମୋ କଥା
କେବେ ମନେ ପଡ଼େକି, ଏମିତି କିଛି ଅର୍ଥହୀନ
ପ୍ରଶ୍ନ ପଚାରିବାର ଥିଲେ ବି କିଛି ନପଚାରି ଚୁପ୍ ରହିଲି,
ଯଦିଓ ପ୍ରତିଟି ପ୍ରଶ୍ନର ସଠିକ୍ ଉତ୍ତର
ମୁଁ ନିଜକୁ ନିଜେ ଦେଇ ସାରିଥିଲି ।

କୁହୁଡ଼ି ରଂଗର ଗାଢ଼ ପଣତ କାନିରେ ସେ ଦେହ
ଢାଂକିଥିଲେ, ହଠାତ୍ ବୁଲିପଡ଼ି ମୋ ବାଟ ଓଗାଳି ବସିଲେ ।
ମୁଁ ଶୁଣି ପାରିଲା ଭଳି କାଂଦକାଂଦ ଅଭିମାନଭରା
ସ୍ୱରରେ କହିଲେ, "ଛତିଶ ବର୍ଷ ତଳେ ଯେମିତି
ଥିଲ ଏବେବି ସେମିତି ରହିଛ । କେତେ ଶାସ୍ତି ମତେ ଆଉ
ଦେବ ? ୟେ' ଅଭାଗିନୀର ପରମାୟୁ ସରୁନି ବୋଲି
ମାଟି କାମୁଡ଼ି ଏଠି ମୁଁ ପଡ଼ିରହିଛି, ସେତିକି କେବେ ବୁଝିବ ।"

ଉଁ କି, ଚୁଁ ନକହି ମୂଢ଼ ପାମର ପରି ଆଗକୁଆଗକୁ
ପାଦ ବଢ଼େଇଲି । ଆବଡ଼ାଖାବଡ଼ା ଉଚ୍ଚ ଘାଟି
ରାସ୍ତା ପାରି ହେଉଥିବା ଦଲକାଏ କାଲୁଆ ପବନ
ପରି ସେ ମନମୋହିନୀ ଅଦୃଶ୍ୟ ନହେବା ଯାଏଁ
ନିଜ ସ୍ଥିତି ଭୁଲି ସ୍ୱପ୍ନରେ ସ୍ୱପ୍ନରେ ମୁଁ ଭାସୁଥିଲି ॥

ରସିକ ନାଗର

ଦରଫୁଟା ମଲ୍ଲୀକଢ଼ମାଳ ହାତରେ ଗୁଡ଼େଇ ଅଦିନିଆ
ଝଡ଼ ପରି ଫଟା ରସିକ ନାଗର ବହୁଚର୍ଚ୍ଚିତ ମୋ ଘର
ଭିତରକୁ ହଠାତ୍ ପଶି ଆସିଲେ ।
ଆସିଲେ ତ ଆସିଲେ, ଭଲ କଲେ କିନ୍ତୁ, କୌଣସି
ପୂର୍ବସୂଚନା ନଦେଇ ଆଦାବକାଇଦା ରୀତିନୀତି ଭୁଲି
ସୁରକ୍ଷିତ ସଂସାରକୁ ମୋର କାହିଁକି ଖିନ୍‌ଭିନ୍ କଲେ ?

ଇହକାଳ ଓ ପରକାଳର ବିଶ୍ୱସ୍ତ ସ୍ୱାମୀ ପରି ଯଦି ତାଂକର
ଏଠିକି ଆସିବା ନିହାତି ଜରୁରୀ ଥିଲା ବର୍ଷବର୍ଷ ଦେଖାଚାହାଁ
ନହୋଇବି ଏକତରଫା ଭାବେ ନଜର ସ୍ୱାମୀତ୍ୱ ପଣିଆ ପୁଣି
ମୋ' ଉପରେ କେମିତି ଜାହିର କଲେ ?

ଲୋଚାକୋଚା ବିଛଣାରେ ବର୍ଷବର୍ଷ ତଲୁ ମଲୁ ପରି ପଡ଼ି
ରହିଥିବା ୟେ' ଅଭାଗିନୀର ଦକ୍ଷିଣ କାଂଥରେ ସେ ତ
ନାଆଁକୁ ମାତ୍ର ଗୋଟେ କଳାଧଳା ନିର୍ଜୀବ ଫଟୋ,
ମୁହଁକୁ ମୁହଁ ଦିଶୁ ନଥିବା କୁହୁଡ଼ିଘେରା ଅପହଂଚ ଉପତ୍ୟକାରୁ
ତୀର ପରି ଛୁଟି ଆସୁଥିବା ଗାରେ ଉଜ୍ଜ୍ୱଳ ଆଲୋକ
କି, ଭାବଅଭାବରେ ମୋ ପାଖରେ ନଥାଇ ପ୍ରତି ମୁହୂର୍ତ୍ତରେ
ପାଖେପାଖେ ଥିଲା ପରି କୋଉ ଭୁବନମୋହିନୀ
ଅସୂର୍ଯ୍ୟପଶ୍ୟା ରୂପସୀର ତଳ ଓଠ ଧାରେ ଗାରେ ସ୍ମିତ ହସ
ବାସ୍, ଏ ଜୀବନ ପାଇଁ ସେତିକି ମୋ ଭୂସଂପତ୍ତି ବଳକା
ଥିଲା ବୋଲି ସେ ଅଭିଜ୍ଞ୍ୟଂ ନାଗର କ'ଣ ଜାଣି ନଥିଲେ ।

ବଡ଼ ସ୍ୱାଭିମାନୀ ମଦମତ୍ତ ସେ ରସିକ ନାଗର ଘରେ
ମୋର ପାଦ ରଖିଲା ଦିନଠୁଁ ଯେତେଯେତେ ନିକଟ
ଓ ଦୂର ସଂପର୍କୀୟ ବେଳଅବେଳରେ ଆସି ଏଠି
ଭିଡ଼ କରୁଥିଲେ ଖୋଜିଲା ବେଳକୁ ଚୋରା
ଚଇତାଳି ପରି ଲୁଚିଛପି ଗୋଟିକ ପରେ ଗୋଟିଏ
ଯିଏ ଯାହା ବାଟେବାଟେ ଗଲେ । ଛତିଶ ବର୍ଷ ତଳର
ପୁରୁଣା ଘାଆକୁ ଉଖାରିବିଦାରି ମୋ ଉପରେ
ପ୍ରତିଶୋଧ ନେବାକୁ କ'ଣ ଆସିଥିଲେ ?

ତାଂକ ପଦ୍ମପାଦ ଯେ' ଅଭାଗିନୀର ଘରେ ପଡ଼ିଲା
ଦିନଠୁଁ ଯେ' ଘର କୋଉ ଘର ଆଉ ଥିଲା ? ବର୍ଷବର୍ଷ
ହେଲା ଆମେ ଦୁହେଁ ଭୁଲି ସାରିଥିବା ଛୋଟମୋଟ
ଘଟଣାମାନଂକୁ ନେଇ ଯାହାଯାହା ସବୁ ଚର୍ଚ୍ଚାହେଲା, ଚର୍ଚ୍ଚା
ନୁହଁ, ଅକଥାର ଅପଚର୍ଚ୍ଚା ହେଲା, ଆମ ଥିବା
ନଥିବାରେ ବିଶେଷ କିଛି ଫରକ ନଥିଲା ॥

ଲକ୍ଷ୍ମଣରେଖା

ଲକ୍ଷ୍ମଣରେଖାର ଆରପଟେ ଏଡ଼େ ବକଟେ
ତମ ଅପାଶୋରା ଅପରୂପ ଗାଆଁ ।

ଥରେ ସେ ଗାଁକୁ ଲୁଚିଛପି ପଳାତକ ପରି
ଯିବାକୁ ମନେମନେ ଠିକ୍ କରିଥିଲି କିଂତୁ, କେମିତି
ଯାଇଥାଂତି ? ବର୍ଷବର୍ଷ ହେଲା ମାଦଳ ପରି ମୁଁ
ପରା ଏଠି ଗଡୁଛି । ନା, ପାଦତଳେ ମାଟି ମୁଠେ
ଅଛି ନା, ମୋ ପାଦ ଦୁଇଟି ଅଛି ? ତଥାପି, ସଜବାଜ
ହୋଇ ଯିବାକୁ ଯେତେଥର ବାହାରିଛି ସେତେଥର
କୌଣସି ନା, କୌଣସି ଗୋଟେ ଜରୁରୀ କାମର
ବାହାନାରେ ଅଧାବାଟୁ ଲେଉଟି ଆସିଛି ।

ହାତ ପାଆଂତାରେ ମୋର ତମ ଭୁବନମୋହିନୀ
ଗାଆଁ ଅଥଚ, ମତେ ଲାଗୁଛି ଯେମିତି ତମ
ଗାଁ ମୋ ଗାଁଠାରୁ ଲକ୍ଷେ ଯୋଜନ ଦୂରରେ ।
ଯେତେ ଦୂର ଦୂରାଂତରେ ଲାବଣ୍ୟମୟ ସେ ଗାଁଟି
ଥିଲେ ବି, ଆଜି ନ ହେଲେ ବି' ଦିନେ ନା, ଦିନେ
ଲକ୍ଷ୍ମଣରେଖା ପାରି ହୋଇ ମୁଁ ନିଶ୍ଚେ ଯିବି ।
କିଂତୁ, ମୁଁ କଣ ସତକୁସତ ଯାଇ ପାରିବି ?
ବଳକା ଆୟୁଷତକ ନଜିଇବା ଯାଏଁ ମାଦଳ ପରି
ଯେମିତି ଏଠି ପଡ଼ିଛି ସେମିତି ପଡ଼ି ରହିଥିବି
ଲୋଚାକୋଚା ଅସନା ବିଛଣାରେ ଘାଆଘଉଡ଼ ହୋଇ

ବର୍ଷବର୍ଷ ପଡ଼ି ରହିଲା ପରେ କେହି କଣ ନିଜ
ଆୟତରେ ଥାଏ ଯେ' ମୁଁ ରହିଥିବି । ବର୍ଷବର୍ଷ ତଳର
ଏ ପ୍ରାଚୀନ ଦେହମନ ଇଚ୍ଛାଅନିଚ୍ଛା, ଭଲମଂଦ
ପାଟକନାରେ କୋଉ ବଂଧାହୋଇ ରହିଛି କି, ତାକୁ ଦେବାକୁ
ଅନ୍ୟ କେହି ଜଣେ ତମ ଗାଆଁରେ ପହଂଚିଯିବା
ପୂର୍ବରୁ ମୁଁ ପହଂଚିଯିବି ।

ସାତ ସମୁଦ୍ର ତେର ନଈ ପାରି ହୋଇ ଅତଳତଳ
ପାଣିର ନଅର ଭିତର ଥିବା ମୁଦା ସିଂଦୁକରୁ ମୁଁ
ତମକୁ କଳେବଳେ ପୁଅ ମୁଂଡ଼ଖିଆ ଡାହାଣୀ
ମୁହଁରୁ ଛଡ଼େଇ ଆଣଂତି କିଂତୁ, କେମିତି ଆଣିବି ?
ଦୁଆରୁ ଦୁଆର ବୁଲୁଥିବା ଯୋଗୀ ପରି ଭିକ ଥାଳ
ଧରି କି' ଦିନ କି, ରାତି ମୁଁ ତ ଘୂରି ବୁଲୁଛି,
କୋଉ ବଳ ବୟସ ଆଉ ଅଛି ଯେ' ତମକୁ
ଉଦ୍ଧାରି ମର୍ତ୍ତ୍ୟମଂଡ଼ଳରେ ଯଶ ଅରଜିବି ।

ଅଳଂଧୁରେ ସାଲୁବାଲୁ ଏଇ ଘରେ ବର୍ଜ୍ୟବସ୍ତୁ ପରି
ତମେ ଗଲାଦିନଠାରୁ ଏକାଏକା ପଡ଼ି ରହିଛି । ଯେଉଁ ଘରର
କବାଟ ଝର୍କା କେବେ ଖୋଲା ନ ଥାଏ, କିଂତୁ,
ଯେଉଁ ଘରେ ସୂର୍ଯ୍ୟଚଂଦ୍ରଂକର ଅବାଧ ପ୍ରବେଶ ଥାଏ
ଭାଗ୍ୟକୁ ଆଦରି କର୍ମ ଅବଳରୁ ମୁଁ ସେଠି ରହିଛି ।
ପ୍ରତିଦିନ ପ୍ରତି ଚବିଶଘଂଟା ଅଂତରରେ ଛକଟିଏ
ଟାଣୁଛି ଅର୍ଥର ହାତରେ ଗୋପନୀୟ ଡାଏରୀରେ
ଜରାବ୍ୟାଧିଗ୍ରସ୍ତ ଲୁତୁପୁତୁ ଶରୀରଠୁଁ ମାୟାମମତା ତୁଟେଇ
ନିଜକୁ ଦେଖୁଛି ବାଲି ସିମେଂଟ ଖସି ପଡୁଥିବା ବିବର୍ଣ୍ଣ
କାଂଥରେ ଟଂଗା ହୋଇଥିବା ପାରଦଛଡ଼ା ଫଟା ଆଇନାରେ ।

ଏମିତି ବେଳାରେ ତମ ଗାଆଁକୁ ଯିବାକୁ କେମିତି
ମନ ବଳିବ ? ତମ ପରି ପ୍ରେମାସ୍ପଦା ନାରୀଟିଏ ସେ ଗାଁରେ
କାହା ଅପେକ୍ଷାରେ ସେଠି କ'ଣ ବସି ରହିଥିବ ନା, ଆମ
ପ୍ରଥମ ପ୍ରେମର ସ୍ମୃତି ଜୁଡୁବୁଡୁ କୋଉ ଗୋଟେ ସଂତକ
ଥିବ ଯେ' ଏ ଅଭାଗା ତମକୁ ଶେଷ ଥରପାଇଁ ଦେଖିବାକୁ ଯିବ ।

ସ୍ମୃତିର ସଚିତ୍ର ଭୂଗୋଳ ପୃଷ୍ଠାରେ ଥିବା ସେ ଗାଆଁକୁ ମୁଁ କ'ଣ
ଜନ୍ମ ଜନ୍ମାଂତରେ ଭୁଲି ପାରିବି ? ଲକ୍ଷ୍ମଣରେଖା ଡେଇଁ
ଗଲେ ସିନା ମୁଁ ତମ ଗାଆଁରେ ପାଦ ରଖିବି କି, ନ ରଖିବି
ସେକଥା ଏବେ ନୁହେଁ, ଠିକଣାବେଳେ ତମକୁ ନିଶ୍ଚେ କହିବି ॥

ଯିବି ଯେ'

ଯିବିଯିବି ହୋଇ ଗୋଡ଼ କାଢ଼ି କେବେଠୁଁ
ବସି ରହିଛି ଯେଉଁ ଘରେ ସେ ଘର ଉପରେ
ପୂର୍ବ ପରି ମୋର କଣ କିଛି କର୍ତ୍ତୃତ୍ୱ ଅଛି ନା,
କୋଉ ଗୋଟେ ମଣିଷରେ
ମୁଁ ସେ ଘରେ ଆଜିକାଲି ଗଣା ହେଉଛି ?

କାଳଅକାଳର ଫରକ ନବୁଝି ନାଁକୁ ମାତ୍ର
ଅରକ୍ଷ ଜଗୁଆଳି ପରି ମୁଁ ସେ ଘରକୁ
ଜଗି ବସିଛି ।
ଝର୍କା କବାଟ ଦ୍ୱାର ଓ ଏରୁଂଡ଼ି ନ ଥିବା ଘର
କୋଉ ଗୋଟେ ଘରରେ ଗଣା ଯେ'
ସେଥିପାଇଁ ମୁଁ କ'ଣ ଡହଳବିକଳ ହେଉଛି ।

ଘନଘୋର ଅଂଧାର ରାତିରେ ଭୂତ ପ୍ରେତ
ପିଶାଚ କି, ଚିରଗୁଣୀ ପରି ବିକଟାଳ ରଡ଼ି
କରୁଥିବା ଶାଗୁଆନ କାଠରେ ଗଢ଼ା ପ୍ରାଚୀନ ଖଟରୁ
ଭୁସ୍‌ଭାସ୍ ଡେଇଁ, ନିଘୋଡ଼ ନିଦରେ ଭିଡ଼ିମୋଡ଼ି
ହେଉଥିବା ସୁଂଦରୀ ପତ୍ନୀଂକଠୁ ସବୁ
ମାୟାମମତା ତୁଟେଇ, ପ୍ରତିଟି ପ୍ରଶ୍ନର ସଠିକ୍
ଉତ୍ତର ଦେଲା ପରେ ବି ପ୍ରଶ୍ନ ପରେ ପ୍ରଶ୍ନ
କରୁଥିବା ମୋର ଗଳାମାଳିକୁ ବୁଝେଇଶୁଝେଇ
କିଂବା, ରଂଗାରଂଗ ଉତ୍ସବରେ ନଇଁ ପଡ଼ିଥିବା
ଜାତିଜାତିକା ମଂଦାର ଫୁଲର ମୋହ ଓ ମହକ

ପାଶୋରି ଏକ ମୁହାଁ ହୋଇ ଚାଲ ଯାଆଂତି
ଯେ' ହେଲେ ସହଜେ ମୁଁ କ'ଣ ଯାଇ ପାରୁଛି ?

ଯେତେ ଥର ଯିବାକୁ ବେଶଭୂଷା ହୋଇ ଘରୁ
ଗୋଡ଼ କାଢ଼ି ବାହାରିଛି ସେତେଥର ସୁଂଦରପଣର
ଗୋଟିଏ ଗଢଉଳେ ଗଢ଼ା ମୋ ଅନିଂଦ୍ୟ ସୁଂଦରୀ
ପତ୍ନୀ ଛାଇ ପରି ମୋ ବାଟ ଓଗାଳି ବସିଛି,
ସେତେ ଥର ଉତ୍ତର ଦିଗ କାଂଥରେ ତିଳକ
ଚଂଦନ ନାଇ ତୁଳସୀମାଳ ପକେଇ ଜଳଜଳ
ଜୀବଂତ ପ୍ରତିମାଟିଏ ପରି ମତେ ଚାହିଁଥିବା ମୋ
ବୋଉର ଫଟୋ ମତେ ପାଗଳ କରିଛି ।

ଘର ବୋଲି ଯେଉଁ ଦୁର୍ଲଭ ବସ୍ତୁର ମାୟାରେ ଅମଣା
ବଳଦ ପରି ବର୍ଷବର୍ଷ ଉଠପଡ଼ ହେଲି, କେତେକେତେ
ବାର ଅନିଭୋଗ ଭୋଗିଲି ସେ ଘର କ'ଣ ମୋ'
ନିଜର ? ମୋ ଥିବା ନଥିବାକୁ ବେଖାତିର କରି ସେଠି
ଏବେ ରାଜୁତି ଚାଲିଛି କେତେକେତେ ନାଗ କୃମୀ
କୀଟ ପିଶାଚ ଓ ପିଶାଚୁଣୀଂକର,
ଅଧା ଗଢ଼ା ଅଧା ଭଂଗା ଦରୋଟି ଶବ୍ଦ ମାଳାରେ
ଅର୍ଥ ଅର୍ଥାଂତର ନବୁଝି ଦିନରାତି ବକବକ
କରୁଥିବା ମୋ' ଦୁଇ ପୁଅଂକ ପୁଅ
ରାହୁଲ୍ ଓ ରୋହନ୍‌ର ।

ଅଧଃସ୍ତନ ବିଶ୍ୱସ୍ତ ଜଗୁଆଳି ପରି ମୁଁ ସେ ପ୍ରାଚୀନ
ଘରକୁ ଏବେଏବେକୁ ଜଗି ବସିଛି । ବଢ଼େଇକଟାଢ଼ି
ହୋଇ ଯେତେ ଅଣନିଃଶ୍ୱାସୀ ହେଲେ ବି' କବାଟ
ଝର୍କା ଦ୍ୱାର କି, ଏରୁଂଡ଼ି ନଥିବା ଜଉମୁଦ ଘରୁ
ସହଜେ ମୁଁ ବା'କୋଉ ମୁକୁଳି ପାରୁଛି ॥

ଆଶା ବୈତରଣୀ

ଗୋରୀଲୋ ଗୋରୀ
ଗୋରୀଲୋ ଗୋରୀ
ମରୁଛି ଝୁରି ମାରିଛୁ ଛୁରୀ,
କଥାରେ ତୋର କିମିଆଁ କରି
ବଥାରେ ମାରୁ ସାରା ଜୀବନ
ହସରେ ତୋର ଅତର ଭରି
ଉଜାଡ଼ି ଦେଲୁ ଚିର ଯୌବନ
ହଳଦିମଖା ଦେହଟି ତୋର
ଜୁଇ ନିଆଁରେ ଗଲେଲୋ ଜଳି
ଆର ପାରିରେ ମଂଗ ପାତି ମୁଁ
କୋଳେଇ ନେବି ଯତନ କରି ॥

ଗୋରୀଲୋ ଗୋରୀ
ଗୋରୀଲୋ ଗୋରୀ
ତତେ ଛୁଇଁଲେ ଯିବୁ ତୁ ଘାରି
ମତେ ଛୁଇଲେ ଯିବି ମୁଁ ସରି
ଛୁଉଁନା ମତେ, ଛୁଉଁନି ତତେ
ଦି' ଦିନର ଦେଖା ଚାହାଁରେ
କାହାର କେତେ ଯାଉଚି ସରି
ମିଛିମିଛିକା ସପନ ଦେଖି
ସପନେ ଆମେ ମରୁଛେ ଝୁରି ॥

ଗୋରୀଲୋ ଗୋରୀ

ଗୋରୀଲୋ ଗୋରୀ

ପୀରତି ଡୋରୀ ଯାଇଛି ଛିଡ଼ି

ଦି' ଦିନର ଦେଖା ଚାହାଁରେ

ତୁ ଖୋଲିଲୁ ଛାତିକୁ ତୋର

ମୁଁ ଖୋଲିଲି ମନକୁ ମୋର

ତୋ ମନରେ ଢେଉ ଢେଉକା

ସପନ ଖାଲି ସପନ ଭାସେ

ମୋ ଛାତିରେ ଥରକୁ ଥର

ଅଦିନ ବାଆ ବତାଶ ବହେ ॥

ଗୋରୀଲୋ ଗୋରୀ

ଗୋରୀଲୋ ଗୋରୀ

କାହିଁକି ମତେ ଦେଲୁତୁ ଘାରି ?

ଆଖିରେ ତୋର କଜଳ ଗାର

ଅଧରେ ତୋର ନାଲି ଅବିର

କୋଉଠି ଘର, ନାଁ ତୋଅର

କହିନୁ କିଛି, କହିଲୁ ନାହିଁ

ଦି' ଦିନର ଦୁନିଆଟାରେ

ରହିନି କିଛି, ରହିବ ନାହିଁ ॥

କେବେ ଯେ ଆସିବ ଫେରି

କେବେଠୁ ଯାଇଛ ତମେ ?
ଦିନ ବାର ତାରିଖ କିଛି ମନେ ନାହିଁ
କେବେଠୁ ଯାଇଛ ତମେ
ଯାଇଛ ଯେ ଯାଇଛ, ଚିଠି ଖଂଡ଼େ
ଲେଖି ନାହିଁ, ସତେ କ'ଣ ସମୟ ହେଉନି ॥

ପୁରୀରେ ପଡ଼ିଛି ଶୀତ
ରାତି ମୋର ସାତ ରାତି, ମୋ ଆଖିରେ
ଝଲମଲ ତମ ଗୋରା ମୁହିଁ, ନିଶାରେ
ଉତ୍ୟକ୍ତ ମୋର ପାଂଚଫୁଟ ସାତଇଂଚ ଦେହ
ପୁରୀରେ ପଡ଼ିଛି ଶୀତ
ବଡ଼ଦାଂଡ଼େ ଅଧାଭଂଗା ଅଶ୍ରାବ୍ୟ ସଂଗୀତ
ଦୋ'ଦୋ' ଚିହ୍ନା ମଣିଷଂକ କୋଳାହଳେ
ଉଚ୍ଛୁଳିଛି ଫାଜିଲ ବସଂତ ॥

ତମେ ଯିବା କେତେ ଦିନ ହେଲା ?
ଗଲାସନ ଫଗୁଣରେ କାଟିଥିବା ତିନିଗାର
ଏଯାଏଁ ଡେଇଁନି, ତମ ବାରି ଅଗଣାରେ
ଫୁଟୁଥିବା ଫୁଲ ବାସ୍ନା ଖୋଜିଖୋଜି
ଏଠି ମୁଁ ପାଉନି ॥

ତମେ ଯିବା କେତେ ଦିନ ହେଲା ?
ବିରକ୍ତିରେ, ବ୍ୟସ୍ତତାରେ, ଯଂତ୍ରଣାର
ଜଉଘରେ ସ୍ମୃତିରେ ମଶାଲ ଜାଳି ରାତି
ପୁଆଁଉଛି, ତମ ମନ ଆକାଶରେ ଗୁଡ଼ି ମୋର
ଉଡ଼ିଉଡ଼ି ନଟେଇରୁ ସୂତା ଟାଣୁଅଛି ॥

ତମେ ଚାଲି ଯାଇଛ ଯେ ଯାଇଛ
ଫେରି ନାହିଁ, ଭଲମଂଦ ପଦେବି
ଲେଖିନ, କେମିତି କାଟୁଛ ଦିନ,
ପୁରୀରେ ମୋ ଜୀବନ ଉଛନ୍ନ
ଘୃଣାରେ, ଈର୍ଷାରେ, ବିରକ୍ତିରେ ଆଉ କିଆଁ
ଛିଂଡ଼ାଉଛ ନିଜ ହାତେ ନିଜ ଫୁଲବନ,

କେବେ ଯେ ଆସିବ ଫେରି
ଉତ୍କଂଠାରେ ଗଣୁଅଛି ଦିନ ॥

ସ୍ମୃତି

ଦସ୍ତାର ଚେମିନୀ ଦେଇ ଆକାଶକୁ
ଉଠେ କଳା ଧୂଆଁ
କାଉଁରି କାମାକ୍ଷା ଦେଶେ
ଅଦ୍‌ଭୁତ କିମିଆଁ ॥

କିମିଆଁରେ ଭରପୁର ପୁରପଲ୍ଲୀ
ବସ୍ତିର ଗଳିରେ ଶୁଭେ ଅଶ୍ଳୀଳ
ଚିତ୍‌କାର, ଠାଏଠାଏ ବଜାତ ଟୋକାଙ୍କ
ମେଳ ଓ ଘରପୋଡ଼ି ଦୃଶ୍ୟ
ବିସ୍ମୃତିରେ ସବୁ ଦୃଶ୍ୟ ହୁଅଇ ଅଦୃଶ୍ୟ ॥

ସୁଂଦରୀ, ମୁଁ ତୋର ସ୍ୱପ୍ନର
ସମ୍ରାଟ, ରୂପାର ଚାଂଗୁଡ଼ି ଭରି
ଆକାଶର ତାରା ଫୁଲେ
ଉଦାସ ଆଖିରେ ଖୋଜେ
ତ୍ରିଛକିରେ ବାଟ ॥

ତୋ ନିଃଶ୍ୱାସେ ଜଳିଯାଏ ରକ୍ତ
ମୋର ଦୀପ ଶିଖା ପରି
ମୋ ସ୍ନାୟୁର ମହକରେ ତୋ
ଦେହେ କଂପନ

ଅକାଳରେ ହେଉ ପଛେ ଗର୍ଭପାତ
ନିର୍ବିବାଦେ ତୋ ଅଧରେ
ଘନଘନ ଦିଅଂତି ଚୁଂବନ ॥

କେଉଁ ଠାଣିମାଣି ଓ ଭାବଭଂଗିର
ଚିତ୍ତାକର୍ଷକ ଚାହାଣୀରେ ତୁ ସମର୍ପି
ଦେଲୁ ସଂଚିତ ଯୌବନ
ଜନ୍ମ ଜନ୍ମାଂତର ପାଇଁ ଯାହା ଯେ'
ଜୀବନେ ଖୁବ୍ ମୂଲ୍ୟବାନ ॥

ରକ୍ତରେ ଜଳାନା ଦୀପ ସୁନ୍ଦରୀ
ତୁ ମୋର ନଦୀ, ନକ୍ଷତ୍ର ଓ ନାରୀ
ତୁ ମୋର ସ୍ମୃତିର ଶର୍ବରୀ ॥

କାନ୍‌ଭାସ୍

ଆସିବାର ଥିଲା
ଆସିଲାନି କିଆଁ
ତାରା ଗଣିଗଣି
ରାତି ଗଲା ପାହି
ଜୀବନ ନଦୀର
ଦୁଇ କୂଳେ ଆମେ
ରାହା ଗଲା ତୁଟି
ସାହା କେହି ନାହିଁ ॥

ଆକାଶେ ଆକାଶେ
ଅଦିନିଆ ଝଡ଼
ମନ ଗହନରେ
କାମନାର ଭିଡ଼
ତମେ ଆସିଲନି
ଦିନ ଗଣିଗଣି
ଡହଳ ବିକଳେ
ରାତି ମୋ ସରେନି ॥

ଦିକିଦିକି ଜଳେ
ନିଭା ଦୀପ ଶିଖା
ବେସୁରା ସୁରରେ
ଆଂକେ ବସି ରେଖା
ଆସିବ ଆଉ କି'

ନିଦ ଭାଂଗି ଗଲେ
ପାହାଂତି ପହରେ
କାନପାତି ଶୁଣେ
ଅଭୁଲା ସୁରକୁ
କେଡ଼େ ଆବେଗରେ ॥

ସବୁ ଚୁପ୍‌ଚାପ୍
ଆକାଶର ରଂଗ
ମନର ସରାଗ
ଫିକା ପାଣିଚିଆ
ନିଭା ଦୀପ ଶିଖା
ଏକାଏକା ବସି
ଆଂକେ ତମ ରେଖା ॥

ଥାକଥାକ ସ୍ମୃତି
ମନ ସିଂଦୁକରେ
ଯତନେ ସାଇତି
ରଖେ ଗୋପନରେ
ତମେ ବୁଝିବନି
କେଡ଼େ ହିନୀମାନ
କବିର ଜୀବନ
ସପନେ ସପନେ
କରେ ଉଚ୍ଚାଟନ ॥

ଆସ ବା ନ ଆସ
ପାଦ ଚିପିଚିପି
ପାହାଂତି ପହରେ
ଏକାଏକା ବସି
ଆଂକେ ତମ ଛବି ॥

ଉଦାସ

କିଛି ଭଲ ଲାଗୁ ନାହିଁ, ଉଦାସ ପବନ
କଟା ଗୁଡ଼ି ପରି ବେକ ମୋଡ଼ି ପଡ଼ିଅଛି
ବିଜୁଳି ତାରରେ,
ରାସ୍ତାରେ କୌଣସି ଯାନବାହନ ଯାଉନି
ବଂଦୀଟିଏ ଦୁଇ ହାତେ ଲୁହାଛଡ଼ ଧରି
ଅନେଇଛି ଖୋଲା ଆକାଶକୁ ।।

ତମ ଦେହ ଥରୁଛି କି ଶୀତ ପବନରେ ?
ଆଉ ବା କେତେଟା ଦିନ
ମୁଁ ତୁମକୁ ପାଇକରି ତାରା ଦେଖାଇବି
ଓ ରକ୍ତ ସମୁଦ୍ରରୁ ନାଚିନାଚି ଉଠୁଥିବା
ଲାଲ ସୂର୍ଯ୍ୟ ପାଇଁ ଜରିଦିଆ
ପୋଷାକ ଆଣିବି ।।

କିଛି ଭଲ ଲାଗୁନାହିଁ, ଡାକବେଳ
ଗଡ଼ିଗଲେ ବ୍ୟସ୍ତତା ବଢୁନି, ବରଂ
ନିଶ୍ଚିଂତ ଅଛି ଯେ' ତମେ ମୋର
ଉଦାସ ଭାବନାସବୁ ଦୂର କରି ରାଜାଘର
କାହାଣୀ କହିବ ଓ ମୁଁ ହୁଂଡ଼ା ଟୋକା ପରି
ଆମ ଘର ପକ୍‌କା ଛାତେ ଦି' ପହରେ
ମନଇଛା ଗୁଡ଼ି ଉଡ଼େଇବି ।।

ସର୍ତ୍ତ ନରଖ

ଅନାଗତ କାଳ ପାଇଁ ମତେ
ସଂଯୁକ୍ତ କରିଦିଅ
ତମ ପାପପୁଣ୍ୟର ଜୀବନ ସହିତ,
କୌଣସି ସର୍ତ୍ତ ନ ରଖ ।

ମୋର ଔଦ୍ଧତ୍ୟ ଓ ଅହଂକାରକୁ
ସଯତ୍ନେ ସାଉଁଟି ରଖ
ତମ ଝିଲିମିଲି ନୀଳ ପଣତକାନିରେ,
ନିଃସଂକୋଚରେ, ସର୍ତ୍ତ ନ ରଖ ।

କୋଟି କଳ୍ପଣାର ମୃଣ୍ମୟୀ
ଦେବୀ ମୋର,
ସଜଳ ଦୃଷ୍ଟିରେ ଥରୁଟିଏ ମତେ ଦେଖ,
କେମିତି ଲଜ୍ଜାରେ ମୁହଁ ଲୁଚେଇଛି
ଲଂପଟ ସୂର୍ଯ୍ୟ ଅହଲ୍ୟାର ପଣ୍ୟ କୁଟୀରରେ,
କେମିତି ରକ୍ତ ଜୁଡୁବୁଡୁ ଶରୀରକୁ
ଶୁଶ୍ରୂଷା କରୁଛି ଦ୍ୟାସ ସରୋବର
ଅନୁତାପର ବଡ଼ବାନଳରେ ॥

କେମିତି ଏକ ଦୁର୍ନିବାର ଲଗ୍ନ ଯେ !
ଫୁଲ ଝଡୁନି କି' ପତ୍ର ହଲୁନି,

ଧ୍ୟାନସ୍ଥ ମୁଦ୍ରାରେ ସମୟ ପାଲଟିଛି
ଇତିହାସ, ଊର୍ଦ୍ଧ୍ୱର ଆକାଶ ନିଥର, ଉଦାସ
ଭୂମି ଓ ଭୂମାରେ
ଗଗନେ ପବନେ
କ୍ଳାଂତ ଭ୍ରମର ପରି ଜୀବନ ପାତ୍ର ମୋର
ଶୋକରେ ବିନଷ୍ଟ ।

ମାହେଂଦ୍ରବେଳାରେ ଚିତ୍ର ଆଂକୁଚି ବସି
ଧୂର୍ତ୍ତ ଚିତ୍ରକର, ଅଶୁଭ ଲଗ୍ନର,
ତୂଳୀ ଓ ରଂଗରୁ ଜନ୍ମ ନେଉଛି ଧୀରେଧୀରେ
ଶ୍ୟାମ ବର୍ଣ୍ଣର ଦୁର୍ଦ୍ଦାଂତ ସକାଳ,
କୋଟି କଜ୍ଜଣାର ।

କୋଟି କଜ୍ଜଣାର ସ୍ୱପ୍ନାଭିଷେକରେ
ମତେ ଆତ୍ମସ୍ଥ କର ପ୍ରିୟେ
ବରାଭୟ ମୁଦ୍ରାରେ, ଏଇ ଦେଖ,
ଝାପ୍‌ସା ଦିଗ୍‌ବଳୟରେ ବିଧବାର
ଅଂଗବାସ ପରି ସମୟର କ୍ରୂର ଉପହାସ ।

ତମ ବିନା ଏ ଉତ୍ସବ ମୁଖର ରାତି ଅର୍ଥହୀନ,
ଆମ ପ୍ରେମ, ଚିତ୍ରମୟ ପୃଥିବୀରେ ଚିର ଅମଳିନ ॥

ଦେବୀ

ଉଠ, ପିଲାଂକ ଅଳି ଅର୍ଦ୍ଦଳିରେ
ଫାଟି ପଡୁଛି ଅସଜଡ଼ା ଆବୁରୁଜାବୁରୁ
ଘର, ପର୍ଦ୍ଦା ଟେକି ଫିକ୍‌କିନା ହସି
ଦେଉଛି ମେଘର ଗଜଲ,
ସଦ୍ୟ ବିଧବାର କପାଳରେ ମୁଗ୍ଧ ରାତିର
ଅଭିସାର, ଛାଇ ଆଲୁଅର ହୀରକପୁରିରେ
ରିମିଝିମି ତାରାକାଂକ ଖେଳ,
ପିଲାଂକ ଅଳିଅର୍ଦ୍ଦଳିରେ ଫାଟି ପଡୁଛି
ଅସଜଡ଼ା ଘର ।

ଉଠ, ଏଥର ଭରା ଶ୍ରାବଣରେ
ଭୁଲିବାକୁ ହେବ ସ୍ୱପ୍ନ ଜର୍ଜର ଅତୀତକୁ,
ଠିକ୍ ଦଶଟାରେ ଅଫିସ୍ ଆସିବାକୁ ହେବ ରୁଟିନୀୟ
ଜୀବନଚର୍ଯ୍ୟାକୁ, ନୀତିଭ୍ରଷ୍ଟ ପ୍ରଶାସକର
ଲୋକ ଦେଖାଣିଆ ଆଦର୍ଶକୁ,
ଅଧଃସ୍ତନଂକ ମୁଖାପିଂଧା ଅଭିନୟକୁ,
ଭୁଲିବାକୁ ହେବ ସବୁ ସ୍ୱପ୍ନ ଜରଜର
ଅତୀତକୁ, ଅନାଗତ ଭବିଷ୍ୟତକୁ ।

ଉଠ, ବଂଧ୍ୟା ମେଘର ନୀଳ ଲଫାପାରେ
ସୁନେଲି ସ୍ୟାହିରେ ଗୋଲଗୋଲ ଅକ୍ଷର

ଲେଖୁଛି ଲଂପଟ ସୂର୍ଯ୍ୟ,
ସବୁଜିମାର ଚିକ୍କଣ ଗଭାରେ ଗଜରା ବାଂଧୁଛି
ବିଟପୀ ଭୁଆସୁଣୀ,
ପରମ ବୈରାଗ୍ୟରେ ରୁଦ୍ରାକ୍ଷମାଳା ଗଡ଼ାଉଛି
କ୍ଷମତାସୀନ ମହାମଂତ୍ରୀ ।

ମାଫିଆଂକ ଗୁଳିଗୋଳାର ଆୱାଜରେ,
ଥରଥର ଚିଲିକାର ଘନନୀଳ କାର୍ପେଟରେ
ସଂଭୋଗରତ ନିଥର ସାରସ ଯୁଗଳ,
ପେଟ ଚାଖଂଡ଼କ ପାଇଁ ସଂଗ୍ରାମରତ
ମଲା କଂକଡ଼ାଂକ ହରତାଳରେ ଦାବି ସାବ୍ୟସ୍ତ
କରାଯାଉଛି ସ୍ୱାଧୀନତାର ।

ଉଠ, ସହଳସହଳ ଉଠି ଆସ
କୋଟି କଜ୍ଜଣାର ଅନାହତପୁରରୁ,
ଖରଖର ଜୁଆରିଆ ପବନ
ସନସନ ଶୃଂଗାରର ଜାଡ଼ଥରା କଂପନ,
ମୌସୁମୀ ହାୱାର ମଧୁଗଂଧ ମହକ
ଋତୁ ବୈତରଣୀର ନିଃସର୍ତ୍ତ ସମର୍ପଣ ଓ
ଏମିତି ଅନେକଅନେକ ଘଟନାମାନ ଘଟିବାକୁ
ଆରଂଭ କଲାଣି ପରିତ୍ୟକ୍ତ ପୃଥିବୀର ନାଭି ବିଂଦୁରେ ।

ତମେ ନ ଆସୁଥିଲେ ବି ଆସିଲା ପରି ପ୍ରତି
କ୍ଷଣରେ ମନେହୁଅ, ଯେମିତି
ମେଘପୁଂଜରେ, ମହ୍ଲାର ରାଗିଣୀରେ,
ଶ୍ରମରେ, ସାଧନାରେ, ଶ୍ୱାସପ୍ରଶ୍ୱାସରେ,
ଅଭୟ ମୁଦ୍ରାରେ, ମଦ ଓ ମାତ୍ସର୍ଯ୍ୟରେ

ପ୍ରଗ୍ୟାଂ ଓ ପୁରୁଷାର୍ଥରେ ତମ ଆଗମନର
ସ୍ୱାଗତିକା, ମଧୁଚଂନ୍ଦ୍ରିକା ରାତିର ବିନିଦ୍ର ପ୍ରହରେ
ତମ ସ୍ପର୍ଶର ନିରୋଳ ମାଦକତା ।

ଉଠ, ଅଭିସାର ରାତି ସହଳ ସହଳ ପାହି ଆସୁଛି
ଆସ ଦେବୀ ଆସ ମାହେଂନ୍ଦ୍ର ବେଳାରେ,
ତମରି ସ୍ମୃତିରେ ଦେହ ମନ ଜରଜର
ମଧୁକ୍ଷରା ମଧୁ ରଜନୀରେ ॥

ଏକାଏକା ତମାଲ ବନରେ

ଘନଘୋର ବର୍ଷାଋତୁ ସଜବାଜ
ହୋଇ ଘରଯୋଗ୍ୟା ଝିଅ ପରି ବସିଅଛି
ଆକାଶର ମଥାନ ଉପରେ,
ପାଖେ ଥାଇ ନଥିଲା ପରିକା ତମେ,
କୋହଲା ପବନେ ମଂଜ ଥରେ, ଅଂଗେଅଂଗେ
ଶିହରଣ ଖେଳିଯାଏ ତଡ଼ିତ୍ ବେଗରେ,
କୋହଲା ପବନ ଡେଣା ଫଡ଼ଫଡ଼ କରେ
ନିଛାଟିଆ ନଦୀ ମୁହାଣରେ ।

ନଦୀ ମୁହାଣରେ ମୁହଁ ସଂଜବେଳେ
ତମ ମୁହଁ ଝାପ୍‌ସା ଦିଶେ ସ୍ମୃତି ଦର୍ପଣରେ
ମିଂଜିମିଂଜି ତାରା ଆଲୁଅରେ,
ବସନଭୂଷଣ ଗଭାର ଗଜରା ଅସଂଯତ
ହୋଇ ଲୋଟେ ତମାଲ ବନରେ,
ବଂଦ ଝର୍କା ପବନ ମାଡ଼ରେ ଧଡ୍‌ଧାଡ୍ ଖୋଲିଗଲା ପରେ ।

ଡିବିଡ଼ିବି ଡଂବରୁ ନାଦରେ ଥରଥର
ନିର୍ମୋହ ଶ୍ରାବଣ,
ଥରଥର ନଈର ସୁଅରେ ଖିଲିଖିଲି
ହେମାଳ ପବନ,
ହେମାଳ ପବନେ ସ୍ମୃତିର ଝରକା

ଖୋଲେ, ଖୋଲି ପୁଣି ଆପେଆପେ
ବଂଦ ହୁଏ ଗାଢ଼ ଆବେଗରେ,
ତମ ଛାଇ ବର୍ଷାଧୁଆ ତମାଲବନରେ
ନାଚେ ରିମିଝିମି ସୁରେ,

ଓ ମତେ ଭାରି ଡର ମାଡ଼େ
ଏକାଏକା ନିଛାଟିଆ ତମାଲବନରେ ॥

ଅଲକା ସାନ୍ୟାଲ

ତମେ ମୋର ଚଂଦ୍ରାବତୀ । ତମେ ମୋର ଅଲକା ସାନ୍ୟାଲ ।
ମୁଁ ତମକୁ ସ୍ୱପ୍ନ ଦେଖେ ଛାଇ ନିଦ ଛାଇ ଆଲୁଅରେ ।
ହଠାତ୍ ତମର ଦେଖା ଭଲମଂଦ କଥାବାର୍ତ୍ତା, ନୀରବରେ
ମୁଂଡ଼ହଲା ସଚ୍ଚିବାବୁ ସାଥେ ଯେ ତମକୁ ଭେଟିଥିଲେ
ବିଦେହର ରାଜପୁରେ ବାରୁଣୀବଂତରେ ଯେ ତମକୁ
ପାଇକରି ଆଣିଥିଲେ ଚିତ୍ରରଥ ଗଂଧର୍ବ ହାତରୁ
ଯେ' ତମର ପରିଚୟ ପାଇଥିଲେ ନାଳଂଦାର ଜୀର୍ଣ୍ଣ ମଂଦିରରେ ॥

ଅନେକଅନେକ ବର୍ଷ ଖୋଜାଲୋଡ଼ା ପରେ ତମକୁ
ପାଇଲେ ପୁଣି ଗୁରୁବାବୁ ତମେ ଦିଅ ବ୍ଲାଉସ୍‌ର ବୋତାମ,
ତମେ ପୁଣି କଥା କୁହ ଲାଜକୁଳୀ ଲତା ପରି ଆସ୍ତେ ବସ
ପାଖ ଚଉକୀରେ । ଲୋଟଣି ପାରାଂକ ପରି ତମେ ପୁଣି
ଡେଣା ଝାଡ଼ି ବିଛଣାରେ ଫିଂଗି ଦିଅ ଅକ୍ଷତ ଯୌବନ
ଫୁଲେଇ ଝିଅଂକ ପରି ତମେ ପୁଣି ପ୍ରେମ କର ଗର୍ଭବତୀ ହୁଅ
କେବେ ପୁଣି ଦେଖା ଦିଅ ନୂଆଖଲି ପଠାଣ ବସ୍ତିରେ ।

ତା'ପରେ ତମର ଦେଖା ହଜିଯାଏ ଆକାଶର ତାରାଂକ
ଗହଳେ, ତମର ଥରିଲା କଂଠ ରୂପ ନିଏ କାଉ ଅବା
ବାଦୁଡ଼ି କଂଠରେ । ତମରି ଅଭାବ କ୍ରମେ ଘୋଟିଆସେ
ମିଶନ୍ ରୋଡ୍‌ରେ କିଂବା ଯାଜପୁର ବେପାରୀ ବସ୍ତିରେ । ଫାଜିଲ
ବସଂତ ଆସି ତମ ଶବ ବୋହିନିଏ ଭଂଗା କୋକେଇରେ ।

ତମେ ମୋର ଚଂଦ୍ରାବତୀ ତମେ ମୋର ଅଳକା ସାନ୍ୟାଲ
ମୋ ଆଗରେ ମାଇଲ ମାଇଲ ଖାଲି ବ୍ୟଥାର ଜଂଗଲ
ପ୍ରଥମ ସାକ୍ଷାତ୍ ମୋର ତମ ସାଂଗେ ଆଦିବାସୀ ପଡ଼ିଆରେ
ଲୁପ୍‌କେଂଦ୍ର ଉଦ୍‌ଘାଟନବେଳେ । ଦ୍ୱିତୀୟ ସାକ୍ଷାତ୍ ଆମ
ଖଂଡ଼ଗିରି ନିର୍ଜନ ଗୁଂଫାରେ । ଅନେକଅନେକ ଦେଖା
ଖୋଜାଲୋଡ଼ା ଦିଅଁ ପୂଜା ଜାତକ ମେଳନ । କେତେ ଯେ
ଚିଟାଉ ଲେଖା ନିତିନିତି ନୀଳ ଲଫାପାରେ । କେତେ ଯେ
ଅପେକ୍ଷା ଆମ ସମୟର ତତଲା ବାଲିରେ ।

ତିନୋଟି ବରଷ ପାଇଁ ମୁଁ ତମକୁ ରଖିଥିଲି ଯତନରେ
ମୁଦା କୋଠରିରେ । ସିଧାସିଧା କାଗଜରେ ନାଁ ଲେଖି
ରଖିଥିଲି ଅତି ବିକଳରେ । ଅନ୍ୟ ଦିନ ପରି
ତମର ବି ମନ ହେଲା ବୁଲିବାକୁ ଫୁଂଗୁଳା ଦେହରେ । ଗୁଡ଼ିପରି
ଉଡ଼ିବାକୁ ନୀଳ ଆକାଶରେ । କଳିଂଗକଟକୁ ଅବା
ଅଲେଇଚ ଦ୍ୱୀପର ବଂଦରେ । କଲିକତାଠାରୁ ନୂଆଦିଲ୍ଲୀ ନଗରୀରେ
ଅବା ତମ ମନ ହେଲା ଭାସିବାକୁ ନାଆ ପରି ଗୋଆ, ଡିଉ
ଡାମନ ଦ୍ୱୀପରେ, ଅନ୍ୟ କେଉଁ ଇଲାକାରେ, ଅନ୍ୟ କେଉଁ
ଅଚିହ୍ନା ଛକରେ ।

ମୁଁ ତମକୁ ପାଉନାହିଁ ଅନ୍ୟମାନେ ପାଇବି ନଥିଲେ
ମୁଁ ତମକୁ ଦେଖୁ ନାହିଁ ଓଡ଼ିଶାର ଗଳି, କଂଦି, ନାଳ, ନର୍ଦ୍ଦମାରେ
ମୁଁ ତମକୁ ଦେଖୁ ନାହିଁ ଅଳକା ଷ୍ଟୋରରେ, ଅବା, ବନାରସି
ମିଠା ଦୋକାନରେ।, ମୁଁ ତମକୁ ଦେଖୁ ନାହିଁ ଗ୍ରଂଥାଳୟେ
ଦଶଟାବେଳେ ଟାଉନ୍ ବସ୍‌ରେ, ସାଂଗସାଥୀ ବାଂଧବୀ
ମେଳାରେ, ରାଜନୀତି ବିଗ୍ୟାଂନ ବା, ଦର୍ଶନ ଶ୍ରେଣୀରେ ।

ତମେ ମୋର କେଶବତୀ
ତମେ ମୋର ପ୍ରେମର ଫସିଲ । ତମେ ମୋର ସଂକେତର
ଧ୍ରୁବତାରା, ଗର୍ଜୁଅଛି ମୋ କାନରେ ଗୁଣୁଗୁଣୁ ତମ
କଂଠସ୍ୱର । ତମେ ମୋର ଅନିମା ବସ୍ତିଆ ଅବା
ଆଲୋକ ମେହେର । ତମ ପାଇଁ ମୋ ଶେଯରେ ମୁଠା ମୁଠା
ଆକାଂକ୍ଷାର ସୁର । ଏ ସହରେ ସତେ ଅବା ମୁଁ ଏକ
ଦୁଃସ୍ଥ ଯାଯାବର ।

ତମରି ବୟସ ବଢୁ ତମେ ହୁଅ ମୃତ୍ୟୁଂଜୟୀ
ତମେ ହୁଅ ଅକ୍ଷୟ ଅମର । ତମ ଗୁଣ ଗାନ କରି
ପୃଥିବୀର ଜରାୟୁରୁ ଜନ୍ମ ନେଉ
ଶତଶତ ବିକଳ ଅଂତର ॥

ଖାସ୍ ତୁମ ଦେହ

ତୁମ ଦେହ,
ଖାସ୍ ତୁମ ଦେହେ ଧଳା ଶାଢ଼ୀ, କଳା ଶାଢ଼ୀ
ନାଲି ଶାଢ଼ୀ, ନୀଳ ଶାଢ଼ୀ ଖୁବ୍ ଭଲ ଦିଶେ ।
ତୁମ ଦେହେ ବସଂତ ହେଂତାଳ ଛାଡ଼େ
ଚଂପା ଫୁଟେ, ଜାଇ ଫୁଟେ, ଯୂଇ ଫୁଟେ
ଫୁଟେ ପୁଣି କେତେ ରଂଗି ଫୁଲ । ତମ ପରି
କିଏ ହେବ ଏ ସହରେ
ଆହାଃ, ସମତୁଲ ।

ତୁମ ଦେହ,
ଖାସ୍ ତୁମ ଦେହ ମାନଚିତ୍ରେ
ଦେଖେ ନିତି କେତେ ଛବି, କେତେ ରଂଗେ
ନଦନଦୀ, କେତେ ଯେ ଇଲାକା । ତମ
ଦେହ ବର୍ଣ୍ଣାଳୀରେ ମେଂଢ଼ା ପରି ବାଟ ହୁଡ଼ି
କିଏ ମତେ କରେ ପୁଣି ବୋକା ।
ତୁମେ କ'ଣ ନାରୀ ?
ଅବା, କେଉଁ ସରଗର ଏକ ଅପସରୀ ? ?
ତମ କବରୀର ଡାଳେ
ସ୍ୱାତି ଅବା ଅରୁଂଧତୀ ଝୁଲୁଛଂତି
ବାଦୁଡ଼ିଂକ ପରି । ଅଂଧାରରେ ବାଟହୁଡ଼ି
ଘୂରୁଅଛୁ ଆମେ ସବୁ ଆକ୍ରାଂତ ଭିକାରୀ ।

ତୁମ ଦେହ ଏକ
ପୁଣ୍ୟତୋୟା ତୀର୍ଥସ୍ଥାନ ଯେଉଁଠି ମୋ
କାମନାର ଶିଶୁପୁତ୍ର ଅବାଧ୍ୟରେ କରେ ଗଂଗାସ୍ନାନ ।
ତମ ଦେହ ସତେକିବା ଏକ
ନିକାଂଚନ ଦ୍ୱୀପ ଯେଉଁଠି ମୋ ଦୁଃଖର
ବଣିକ କପାଳରେ ହାତମାରି ଖୋଜିବୁଲେ
ପ୍ରୀତିର ପୋହଲା ।
ତମେ ମୋର ଜୀବନର କେଂଦ୍ରବିଂଦୁ
ତମେ ମୋର ସୁଜଳା ସୁଫଳା ।

ରାଣଦେଇ କହୁଛିଲୋ ସୁନାଗୋରୀ,
ତମର ସେ ହଳଦିଆ ତଂବାପରି ଦେହ
ଅବିରତ ଘୂରୁଅଛି ଚକ୍ରପରି ଯେଉଁଠାରେ
ଘୃଣା ଈର୍ଷା ବିଦ୍ୱେଷ ସଂଦେହ,
ଶ୍ୱାପଦର ଭୟେ ଯହିଁ
ରଡ଼ି ଛାଡ଼େ ହରିଣୀର ପଲ ମୁଁ ତ ଛାର ନିମିତ୍ତ
ମାତର, ମୋ ପାଇଁ କି ଲାଭ ଜାଳି ଅଂଧାରରେ
ସ୍ମୃତିର ମଶାଲ ।

ତୁମ ଦେହ,
ପୂର୍ଣ୍ଣମୀ ତିଥିର ଜହ୍ନପରି ଚକ୍‌ମକ୍ ଦିଶୁ ।
ତୁମ ଦେହ,
ଲକ୍ଷେ ଗୋଲାପର ଗଂଧ ନେଇ ମୋ ମନର ବଗିଚାରେ ଫୁଟୁ ॥

ଦେହ

ତା'ର ସତୀର୍ଥ କାମନା ମନ୍ଦିରେ
ମୁଁ ଏକ ବଂଶୀ ।
ମୁଁ ପୂଜକ, ବଡ଼ ପଂଡ଼ା
ଡାଳିମାରି ପାଣି ଢାଳେ ଯୋଡ଼ାଲିଂଗ ପରେ
ପବନ ବହୁଚି ଅଚିହ୍ନା ବ୍ୟାଧି ପରି
ଅତି ଗୋପନରେ ।

ତା' ଦେହର କୋଣାର୍କେ
ମୁଁ ଏକ ପ୍ରତାପୀ ସମ୍ରାଟ
ବଳତ୍କାରେ ଦୁଃଶାସନ ସାଜେ
ଅଂଧାର ରାତିରେ । ଆପାଦ ମସ୍ତକେ ଛାଇଦିଏ
ଲକ୍ଷେ ପଦ୍ମଭାର ।
ପବନରେ ଡହଳ ବିକଳ ସ୍ମୃତି
ଦେହ ଓ ମନର ।

ଦେହ ଦହନର ସୂତ୍ରଧର
ଦେହ ହିଁ ପ୍ରେମର ସ୍ୱାକ୍ଷର ॥

ପ୍ରଥମ ଦଲିଲ

ଶ୍ରାବଣର ଅର୍ଧରାତ୍ରେ ନାଚେ ମୁଁ ତ୍ରିଶଂକୁ ବେଳାରେ
ଲକ୍ଷେ ବିଜୁଳିର ଜ୍ୟୋତି ଫୁଟି ଦିଶେ ନୀଳ ନଭ ପରେ
ଜୀବନର ମହାମଂତ୍ର ଜପିଜପି ମୁଁ ଭଂଡ଼ ସନ୍ନ୍ୟାସୀ
ଅର୍ଧରାତ୍ରେ ସ୍ୱପ୍ନାତୁର କାହିଁ ମୋର ମନର ମାନସୀ ?

ଝଡ଼ର ଗୀଟାରରେ ପୂର୍ବଦିନ ସ୍ମୃତି ସବୁ ନାଚେ
ମହାଦ୍ରୁମ ଟଳିପଡ଼େ ଜୀବନର ମଧ୍ୟାହ୍ନ ପାହାଚେ
କେତେ କ୍ଷୁଦ୍ର ମୋ ଇଲାକା ମୋ ଆୟରୁ କେତେ କ୍ଷୟ ହୁଏ
କେତେ ବା ରହିଲା ବାକି ଅବଶିଷ୍ଟ ମୁହୂର୍ତ୍ତ ପର୍ଯ୍ୟଂତ
କାଳର କରାଳ ଗତି କିଏ ଜାଣେ ତା'ର ଆଦି ଅଂତ ।

ଏମଂତ ସମୟେ ଝଡ଼ ନାଚିଯାଏ ବାରାଂଗନା ପରି
ମନର ବଗିଚା ପରେ ଅଣଚାଶ ପବନ ଉତାରି ।
ଝଡ଼ର ଝୁଲଂତ ଡେଣା ଦୃଶ୍ୟ ହୁଏ ମୋ ଆଖି ପର୍ଦାରେ
ସ୍ମୃତି ସବୁ ମନେ ପଡ଼େ ଏ ଘରର କଡ଼ି ବରଗା ତଳେ
ନିର୍ବୋଧ କୋବିଦସମ ମୋ ରକ୍ତରେ ମଶାଲ ଜଳାଇ
ମୋ ରାଜ୍ୟରେ ଆଂଦୋଳନ, ଜୀବ ହତ୍ୟା ତୂର୍ଯ୍ୟନାଦ ଦେଇ
ମୁଁ ଖୋଜୁଛି ଐତିହ୍ୟକୁ, ମୋ ମନର ଆଦ୍ୟ ବସଂତକୁ
ମୋ' ରାଜ୍ୟର ଇଲାକାକୁ ଅବା କେଉଁ ସ୍ମୃତିର ଦ୍ୱୀପକୁ ।

ପ୍ରଥମ ବସଂତେ ଆହାଃ କିଏ ଆସି ଚାରା ରୋପିଗଲା ।
କିଏ ମତେ ମୋହ କଲା ? ପ୍ରେମ ମଂତ୍ର କିଏ ଶିଖାଇଲା ?

ଆଦ୍ୟ ଯୌବନରେ ତମେ କିଂପା ମତେ ବିବସ୍ତ୍ର କରିଲ
ଆଖିରେ ଆଖିଏ ନିଶା ଭରି ମୋର ସର୍ବସ୍ୱ ଲୁଟିଲ
ଝଡ଼ର ଝୁଲଂତ ଡେଣା ମୋ ରଥକୁ ଖଂଡ଼ଖଂଡ଼ କରି
ବଂଚି ଥାଉଥାଉ କିଂବା ମୋ ମାଂସକୁ ଓଟାରିବିଦାରି
ଫିଂଗିଲା ଦୂର ନଗ୍ରକୁ ବିଲ, ବଣ ଅଂଧାରି ଗଳିକୁ
ଭାଂଗିଲ ମୋ ଦର୍ପ ଦଂଭ, ଅଭିମାନ, ମାନବିକତାକୁ ।

ଅଦିନ ବତାସ ପରି ତମେ ଦିନେ ଗଲ ଉଡ଼ିଉଡ଼ି
ସହରର ହୁଂଡ଼ା ଟୋକା ଯେମିତିକା ଉଡ଼ାଏ ତା’ ଗୁଡ଼ି
ଭୁଲିଲଣି ସବୁକଥା ମତେ କରି ଅଯଥା ହିନସ୍ତା
ହଜିଲାଣି ବୁଦ୍ଧି ଗ୍ୟାଂନ ଦିଶୁନାହିଁ ଏ ଝଡ଼ରେ ରାସ୍ତା
ମେଘର ଜାହାଜ ଚଢ଼ି ତମେ ଗଲ ଜହ୍ନର ଦେଶକୁ
ରୂପର ରୋଷଣୀ ଜାଳି ଅନ୍ୟ ଘରେ ଦେହ ବିକିବାକୁ
ବିଜୁଳିର ଜରି ଶାଢ଼ୀ ଚିକିଚିକି ତାରାର ଆଲୁଅ,
ଆମେ କେତେ ଅସହାୟ, କେତେ ଅବା ଆମ ପରିଚୟ ।

ପରାଜିତ କରି ମତେ ଜୀବନର ମଝି ପାହାଚରେ
ଘୃଣାରେ ଫିଂଗିଲ କିଆଁ ଡହଡ଼ହ ଜଳଂତା ନର୍କରେ
ମୋ ମନର ସବୁ ଆଶା ସବୁ ନିଶା ଚୁରମାର କରି
ଲୁଚିଛପି ତମେ ଗଲ ଗାଁ ଲୋକେ ପକାଇଲେ ହୁରି
କିଅବା ଅଧିକ ଅଛି ମୋ ଜୀବନ କେତେ ହିନୀମାନ
ମତେ ମୁଁ ଚିହ୍ନୁ ନାହିଁ, ସତେ ଅବା ମୋଠାରୁ ମୁଁ ଭିନ୍ନ ।

କିଏ ନେଲା ଏତେ ତେଜ, ଏତେ ବୀର୍ଯ୍ୟ ଏତେ ମୋର ଶକ୍ତି
ମାଟିର ପିତୁଳା ସମ ପଡ଼ିଅଛି ନାହିଁ ମୋର ଏ ଜୀବନେ ମୁକ୍ତି
ଯାହା କିଛି ରଖିଥିଲି ତମ ପାଖେ ସେ ସବୁକୁ କଲ ପ୍ରତ୍ୟାଖ୍ୟାନ
ତମେ ଗଲ ତମ ବାଟେ ମୁଁ କରୁଛି ତମ ଗୁଣଗାନ

ତମ ସୁଖ ଦେଖିଦେଖି ମୋ ମନରେ ଦୁଃଖ ଲେଶ ନାହିଁ
ତମେ ମତେ ଭୁଲିଗଲେ ମୋର କିଛି ଯାଏ ଆସେ ନାହିଁ
ତମେ ମତେ ଘୃଣାକର, ଈର୍ଷାକର ମୋ ଉପରେ ହୁଅ ଗରଗର
କଳଂକ ମୁକୁଟ ପିଂଧି ମୋ ଦଲିଲ କର ନାରଖାର ।

ଛୋଟ ମୁଖେ ବଡ଼ କଥା କହିବାକୁ କରିଥିଲି ଆଶା
ମନରୁ ମଲାଣି ରଂଗ, ଲିଭିଲାଣି ପ୍ରଣୟର ନିଶା
ଏତେ ଦିନେ ବୁଝିଲି ମୁଁ ତମେ ମୋର ଦେବୀ ଓ ମାନସୀ
ଜଳଂତା ଜୁଇରେ ଥୋଇ ସେକୁଥିଲ ଯେମିତିକା ସେକଇ ରାକ୍ଷସୀ
ମୁଁ ତମକୁ ଭୁଲୁଅଛି ତମେ ମତେ ଆଜିଠାରୁ
ଯିବ ନିଶ୍ଚେ ଭୁଲି, ମଶାଣି ପଦାରେ ଯେହ୍ନେ
ଜଳିଯାଏ ପ୍ରୀତିର ଦଲିଲ ॥

ବେଶ୍ ନିରାପଦ

ତମେ ମୋର ପାଖେ ଥିଲେ ମୁଁ ନିଷ୍ପାପ
ବେଶ୍ ନିରାପଦ । ତମେ ମୋର ପାଖୁ ଗଲେ
ଅଚାନକେ ମାଡ଼ିଆସେ ଭୟ ଓ ବିପଦ ॥

ରାତି ସାରା ଖଜବଜ, ରାତିସାରା ଅଭିମାନ
କଇଁକଇଁ କାନ୍ଦ । ଯେତେ ଅବାନ୍ତର କଥା
ଯେତେ ସବୁ ଅର୍ଥହୀନ ଶବ୍ଦ ॥

ଶବ୍ଦର ଝୁଲାରେ ମୋର ଉଠାପକା
କଲବଲ ପ୍ରାଣ । ଶବ୍ଦରେ ଶବ୍ଦକୁ ଯୋଡ଼ି
ମିଛୁଟାକୁ ଭିଆଉଛ ମିଛ ଅଭିମାନ ॥

କେତେ ସତ କେତେ ମିଛ ଦେଖାଚାହାଁ
ଘେନାଘେନି ପରସ୍ପରେ ଭଂଗାଗଢ଼ା ସଂସାର
ବଂଧନ । ମିଛ, ବାଦ ଅପବାଦ ରାଗରୋଷ
ଭୁଲ୍‌ଠିକ୍, ତିଳତିଳ ଜୀବଂତ ମରଣ ॥

ଜୀବନ-ଯଜ୍ଞଂରେ ମୋର ତମେ ହେଲ
ଶେଷ ପୂର୍ଣ୍ଣାହୁତି । ଯାକିଯୁକି ଛାଇ ପରି
ମୁଁ ରହିଛି ପଛେପଛେ, ଚାରିଆଡ଼େ ଭୀଷଣ ଦୁର୍ଗତି ॥

ଅଚାନକ ମାଡ଼ିଆସେ କାଳରାତି
ବୃନ୍ତଚ୍ୟୁତ ଫୁଲପରି ତମେ ଯାଅ ଉଡ଼ିଉଡ଼ି
ଝଡ଼ର ରଥରେ । ପକ୍ଷହୀନ ଜଟାୟୁ ମୁଁ
ମୁହାଁମୁହିଁ ଯୁଦ୍ଧ କରେ ଦିନ ମାସେ ବର୍ଷ ବର୍ଷ
ସମୟ ସାଥିରେ ॥

ତମେ ଥାଇ ତମେ ନାହଁ ମୁଁ ଏକାକୀ
ଭୀଷଣ ଏକାକୀ । ଭୀଷଣ ଏ ଜରାଜୀର୍ଣ୍ଣ
ଆସବାସ, ଦଦରା ପୋକରା ଦେହ
ଅର୍ଥହୀନ କବିତାର ପଂକ୍ତି ॥

ଅଦିନିଆ ଝଡ଼ରାତି ଘମାଘୋଟ
ସାଇଁସାଇଁ ହେମାଳ ପବନ ।
ନିଶ୍‌ଚୁପ୍ ଏ ଭଡ଼ାଘରେ ଦୁକୁଦୁକୁ ଛାତି ମୋର
ଛମଛମ୍ ପାଦର ସ୍ପଂଦନ ॥

ତମେ ଥାଇ ତମେ ନାହଁ ଏ
ପୃଥିବୀ ଖାଁ ଖାଁ ଭୀଷଣ ଏକାକୀ
ଝଡ଼ର ସଂଗୀତ ଗାଇ ଏକାଏକା ସ୍ୱପ୍ନ
ଦେଖେ ଏକ ମୃତ କବି ॥

ବେଶ୍ ନିରାପଦ ମୋର ଆପଣାର ଘର
ନିଜକୁ ନିଜର କରି ନିଡ଼ରରେ
ଶୁଣୁଥାଏ ନିଜ ଭିଜା ସ୍ୱର ॥

ଅନେକ ଅନେକ ବର୍ଷପରେ

ଅନେକ ଅନେକ ବର୍ଷ ପରେ ତମେ
ଆସିଲ ସ୍ୱପ୍ନରେ । ନିଦ ମଳମଳ ଆଖି
ପାହାଂତିଆ ନରମ ସକାଳେ । ନିଃଶ୍ୱାସର
ଚୌହାଦୀରେ ବିଳଂବିତ ରାଗରାଗିଣୀରେ
ଦୁଃଖ ଏବଂ ହତାଶାରେ
ତମେ ଆସ ନିଜ ଅନିଛାରେ ॥

ଅନେକ ଅନେକ ବର୍ଷ ପରେ ତମେ
ଆସିଲ ସ୍ୱପ୍ନରେ । ସ୍ୱପ୍ନରେ ବି ଭାସିଯାଏ
ତମ ଛାଇ ଉଜାଣି ସୁଅରେ । ତମରି ସଫେଦ ହସ
ପଥରର ମୂର୍ତ୍ତି ପରି ତମ ଆଖି ମୁକ୍ତା ଢଳଢ଼ଳ
ତମେ ମୋ ସୁଢ଼ଳ ସ୍ୱପ୍ନ
ତମେ ମୋର ଜୀବଂତ ଈଶ୍ୱର ॥

ମୁଁ ତମର ଚିତ୍ର ଆଂକେ କେତେ ରଂଗେ
ଶବ୍ଦର ତୁଳୀରେ । ମୁଁ ତୁମକୁ ଭାଂଗେଗଢ଼େ
ବାରଂବାର ଇଛାଅନିଛାରେ । ନିଜର ଇଛାରେ ନିଜେ
ସୃଷ୍ଟି କରେ ଶବ୍ଦର ବୋଇତ । ତମରି ସ୍ୱପ୍ନରେ
ଭୁଲେ ନିଜ ଭାଗ୍ୟ, ନିଜ ଭବିଷ୍ୟତ ॥

ସତ୍ତୁସତ ଆଜି ରାତି ପାହାଂତି ପହରେ
ତମେ ଯଦି ନଆସିବ ଛାଇ ନିଦ ଛାଇ ଆଲୁଅରେ

ଏ ଜୀବନ ରଖି ଆଉ ଲାଭ କ'ଣ ?
ଦୁଃଖରେ ଓ ଅଭିମାନେ ନିଜକୁ
ନିଃଶେଷ କରି ଏକାଏକା ବୁଲୁଥିବି
ଘନ ବନସ୍ତରେ ॥

ଅନେକ ସ୍ୱପ୍ନର ଅଂତେ ମୁଁ ତମର
ଶବ୍ଦ ବାରେ, ମୁଁ ତମର ସ୍ମିତିର ନିଃଶ୍ୱାସ ।
ଆମେ ଦୁହେଁ ଅବିଭକ୍ତ
ଆମ ପ୍ରେମ ପ୍ରାଣର ନିର୍ଯାସ ॥

ଅନେକ ଅନେକ ସ୍ୱପ୍ନ ଦେଖିଛି ମୁଁ
ସେ ସ୍ୱପ୍ନର ଭୀଷଣ ଆକୃତି । ସେ ସ୍ୱପ୍ନରେ
ଭୟାବହ ଦୃଶ୍ୟପଟ, ଅତିକ୍ରାଂତ ରତି ।
ସେ ସ୍ୱପ୍ନରେ କିଳିକିଳା ନାଦ କରି
ଗଛସବୁ ଶୂନ୍ୟରେ ଉଡ଼ଂତି । ତଳ ତାଳ
ଉପରକୁ ଯାଏ, ତାଂତ୍ରିକ ପୁରୁଷଟିଏ
ଅଶରୀରୀ ଆତ୍ମାକୁ ଖେଳାଏ । ପାଣି ନଥିବା
ହ୍ରଦରେ ଗୋଛାଗୋଛା ପଦ୍ମ ଫୁଟୁଥାଏ ॥

ସେ ସ୍ୱପ୍ନରେ କାଉଁରିଆ କାଠି ପରି
ଭଡ଼୍ଭାଡ଼୍ ଭାଂଗିଯାଏ ହାତଗୋଡ଼ ତୁଟିଯାଏ
ଅକସ୍ମାତ୍ ଧୈର୍ଯ୍ୟର ପାହାଡ଼ । ଅକାଳେ ବାର୍ଦ୍ଧକ୍ୟ ଆସେ
ଅତିକାୟ ଭୟ ପରି
ମେରୁହାଡ଼ ନଇଁଯାଏ ଆଖିରେ ପରଳ ॥

ତମକୁ ଉଚ୍ଚାଟେ ଡାକେ ନିଃସଂକୋଚେ
ସ୍ୱପ୍ନରେ ସ୍ୱପ୍ନରେ ଅସହାୟ

ଅବସ୍ଥାରେ ତମ ସହ କଥାହୁଏ
ଏକାଏକା ଛାଇ ଆଲୁଅରେ ॥

ମୁଁ ତମ ସ୍ୱପ୍ନରେ
ହଜେ ଭୁଲିଯାଇ ମୋ ନିଜର ସ୍ଥିତି
ଭଂଗା ଦେଉଳ ସାମନାରେ ଅନୁରକ୍ତ ଭକ୍ତପରି
ଦିନରାତି ଗାଉଥାଏ ପ୍ରଣୟର ଗୀତି ॥

ତମେ ମୋ ଅଂତିମ ସ୍ୱପ୍ନ ଅନେକ ଅନେକ
ବର୍ଷବର୍ଷ ପରେ ତମେ ଆସିଚ
ସ୍ୱପ୍ନରେ । ତମେ ମୋ ଶବ୍ଦର ଧ୍ୱନି
ଚଉଦିଗେ ପରିବ୍ୟାପ୍ତ
ଅନେକ ଅନେକ ଦୁଃଖ ନିର୍ଯାତନା
ଓ' ବର୍ଷ ଶେଷ ଉଦାସ ସଂଧ୍ୟାରେ ॥

ଉଇଲୋ ଗଛ ମୂଳରେ

ଉଇଲୋ ଗଛ ମୂଳରେ କାଶ୍ମିରୀ
ସୁଂଦରୀ । ବାର ହାତ ଲଂବ ବେଣୀ
ମଥାରେ ଉତ୍ତରୀ । ଆପଲ୍ ରଂଗର ଗାଲ
ଖଂଡ଼ା ନାକ ଧାର । ବାଦଶାହୀ କାଇଦାରେ
ଧାବମାନ ଘୋଡ଼ାର ସବାର । ପାହାଡ଼ରୁ
ପାହାଡ଼କୁ ଲଂଫ ମାରେ ବରଫର ଝଡ଼ ॥

ଆକାଶେ ଆକାଶେ ଧୂଆଁ, କଳା ମେଘ
ନିଘଂଚ ଜଂଗଲ । ଟଣାଟଣା ଚାହାଣୀରେ
ସୁଂଦରୀର ଅଦ୍‌ଭୁତ ଖିଆଲ । ସଂପର୍କର
ସ୍ୱର ଭିନ୍ନ, ଭିନ୍ନ ହୁଏ ଜୀବନର ଗତି ।
କାଣିଚାଏ ମମତାରେ
ପାହିଯାଏ ନିରର୍ଥକ ରାତି ॥

ନାଁ ଗାଁ ଜଣା ନାହିଁ । ଜଣା ନାହିଁ
କେତେ ବା' ବୟସ । ଆଖିରେ ଆଖିଏ କଥା
କଥା ନୁହେଁ ବିଚିତ୍ର ପ୍ରୟାସ । ମେଘର ଡେଣାରେ
ଭାସେ ସ୍ୱପ୍ନର ଜାହାଜ । ଅପରିଚିତା
ସେ' ନାରୀ, ମୁଖେ ତାର ଟିକେ ଲାଜ
ଅଳ୍ପ ଟିକେ ହସ ॥

ସ୍ମୃତି ମୋର ହଜିଯାଏ ଦଂତୁରିତ ପାହାଡ଼
ଖୋପରେ । ମୁଁ ଅଛି, ମୁଁ ନାହିଁ
ସୁଂଦରୀର ବାହୁ ବଂଧନରେ । ନିଜର ଅଗ୍ୟଂତା ପାଇଁ
ବେଳେବେଳେ ନିଜକୁ ଧିକ୍କାରେ । ନିଜ ସହ
କଥା ହୁଏ ନିଭୃତରେ କଳାମେଘ କୋଳେ ॥

ନିଜ ଭିନ୍ନ କିଏ ପ୍ରିୟ
ବଂଦୀଶାଳେ, ଭଡ଼ାଘରେ, ଅଜଣା ରାଜ୍ୟରେ ?
ନିଜ ଭିନ୍ନ କିଏ ପ୍ରିୟ
ନିଜ ଅଗ୍ୟଂତାରେ, ନିଜର ଦୁଃଖରେ ॥

ନିଜକୁ ନିରେଖି ଦେଖେ ଏକାଂତରେ
ଯେତେ ଥରଥର । ସେତିକି ନିଜର ଲାଗେ
ନିଜ ପତ୍ନୀ, ନିଜ ପୁତ୍ର
ଓ ନିଜର ନିଂଦିତ ଈଶ୍ୱର ॥

ମହାରାଣୀ

ବିକଳ ଆତ୍ମାର ଅସ୍ପଷ୍ଟ ଶବ୍ଦରେ
ଗୁଂଜରିତ ରାଣୀହଂସପୁର,
ନିସ୍ତବ୍ଧ ଇଂଦ୍ରପ୍ରସ୍ଥ
ବିଧ୍ୱସ୍ତ ମୋତିର ମହଲ ॥

ଯମୁନାର ନୀଳ ଜଳେ ଶବ୍ଦାୟିତ
କାଳର ଫୁତ୍କାର କାଳ ପୁରୁଷର
ମହାକାଳ ମୂକସାକ୍ଷୀ ମୃତ ଶତାବ୍ଦୀର ॥

ରକ୍ତରେ ରଂଜିତ ସ୍ମୃତି
ସ୍ମୃତି ଏକ ଅଂତହୀନ ଯଂତ୍ରଣାର ଦିଗହଜା
ଅଜଣା ବୋଇତ । ଅବଲୁପ୍ତ ହୀରାରେ ଖଚିତ
ସ୍ନାନାଗାର, ରଂଗସଭା, ଅଂତପୁର
ଓ ରାଣୀମାଂକ ଚିତ୍ର ॥

ସିଂହାସନ ଶୂନ୍ୟ
ଦରବାର ଧୂସର ବିବର୍ଣ୍ଣ
ଅଶୁଭ ଶକୁନ ଏକ ବୃତ୍ତାକାରେ
ଘୂର୍ଣ୍ଣମାନ, ସମୟ ନିଶ୍ଚିହ୍ନ ॥

କ୍ରୁଶବିଦ୍ଧ ଆତ୍ମାର ବିକଟ ଚିତ୍କାରେ
ଥରହର ରଂଗସଭା, ରଂଗର ମହଲ

କାମାତୁରା ନର୍ତ୍ତକୀର ଉଦ୍ଧତ ସ୍ତନରୁ
ଖସିପଡ଼େ ଉତ୍ତରୀୟ
ଚରାଚର ପରିବ୍ୟାପ୍ତ ଭୟର ଶୀତ୍କାର ।

ରାଣୀମାଂକ ମୃତ ଆତ୍ମା ହାତଠାରି
ଡାକେ ମତେ, ମୁଁ ନିମିତ୍ତ ତୃତୀୟ ପୁରୁଷ
ବ୍ୟାଧିଗ୍ରସ୍ତ ସମୟର କ୍ରୀତଦାସ । ଅବକ୍ଷୟି
ଏ ଶରୀର, ଅର୍ଥହୀନ ନିର୍ଜୀବ ନୀରସ ॥

କେମିତିବା ଯିବି ମହାରାଣୀ
ଭାଂଗିରୁଜି ଅବରୁଦ୍ଧ କାରାଗାର
ମେଘନାଦ ପାଚେରୀ ଓ ଲୁହାର କବାଟ
ମୁଁ ଅସମର୍ଥ ବେସାହାରା ମୃତ କବି,
ଶବ୍ଦର ସଂକଟ ।

ଶବ୍ଦର ଡଂବରୁ ପିଟି କବି ନିଜେ
ସୃଷ୍ଟି କରେ ପ୍ରୀତିର ମହଲ । ଶବ୍ଦର
ସାମ୍ରାଜ୍ୟ ପାଇଁ ବାରଂବାର ଲଂଘିପାରେ
ନିଜ ହାତେ ତିନିଗୋଟି ଗାର ॥

ଶବ୍ଦ ନିଜେ ବାଜିକର
ଶବ୍ଦ ହିଁ ଈଶ୍ୱର ।
କ୍ରୁଶବିଦ୍ଧ ସମ୍ରାଟର ମୂକସାକ୍ଷୀ
ମହାକାଳ, କାଳର ଫୁତ୍କାର ।

ପ୍ରେମ

ଢେଂଗା କଳା ଲୋକଟି କଣ ଜାଣିଥିଲା
ଚିଠି ଖଂଡ଼େ ଲେଖିଦେଲେ
ଅଶୁଦ୍ଧ ହେଇଯିବ ମହାଭାରତ
ଅକପଟ ବିଶ୍ୱାସରେ ସବୁ କିଛି ଅକ୍ତିଆର କଲେ
ଅକସ୍ମାତ୍ ଭାଂଗିଯିବ ସଂପର୍କର ହାତ ॥

ପଚିଶ ବର୍ଷର ଭେଂଡ଼ିଆ
ବଗିଚାର ମାଳି । କଳା ମାର୍ବଲର ଦେହ
ଅକପଟ ହସ ଓ ସୁଶୋଭିତ ବଗିଚାର
ଦରଫୁଟା କଳି ॥

ଘଣା ପେଲିବାରେ ପରବାଏ ନାହିଁ ତା'ର
ତା ବିଶ୍ୱାସ ଏକାଂତରେ ତା ନିଜର
ପ୍ରେମ ଯେ କୋଉ ଦୁର୍ଲଭ ରାଜ୍ୟର ଫଳ
କଳା ଲୋକଟି କାହୁଁ ଜାଣଂତା ବା ॥

ଶିବିରରେ ହାଡ଼ ଭଂଗା ଶ୍ରମ
ପ୍ରାଣେଶ୍ୱରୀ,
କେମିତି କାଟୁଛ ଦିନ ।
କ୍ରମାଗତ ଅନୁପସ୍ଥିତିରେ ବଗିଚା ମୋ ଶ୍ରୀହୀନ ॥
ଉତ୍ତରଷାଠିଏ ପରେ ପ୍ରେମ
ବଂଚିବା ଓ ମରିବା ଏକା କଥା
ଅପେକ୍ଷାରେ ବିତିଯାଏ ଦିନ ॥

ପ୍ରାଣେଶ୍ୱରୀ

ମୁଠାଏ ଧୂଆଁର ଜୀବନ
ଆଜି ଅଛି
କାଲି ନାହିଁ
ତୁଚ୍ଛାଟାକୁ ଏତେ ବଡ଼ ପଣ ।

ଉତୁରିଲା ଦୁଧ ହାଂଡ଼ି ପରି
କି ବିକଳ ଅବସ୍ଥା ପ୍ରାଣେଶ୍ୱରୀ !

ଶବ୍ଦହୀନ ସାମ୍ରାଜ୍ୟରେ
କେତେ ଅସହାୟ ସ୍ଥିତି ।
ଜନ୍ମଠାରୁ ମୃତ୍ୟୁ ଯାଏଁ ଧୂଆଁ ହିଁ ତ ଧୂଆଁ
ମୁଠାଏ ଧୂଆଁରେ
ନାହିଁ ନ ଥିବା ଅପର୍ଯ୍ୟାପ୍ତ ନିଆଁ ।

ରକ୍ତର ନିଆଁରେ ତୋର ହୋରି ଖେଳ
ଅଗ୍ନ୍ୟୁତ୍ସବ ଗରାଖଂକ ଭିଡ଼
ସକାଳରୁ ସଂଜ ଯାଏଁ
ପରିବ୍ୟାପ୍ତ ଧୂଆଁର ପାହାଡ଼ ।

କେତେ ପଳ ମାଂସ ଅବା କେତେ କିତା
କଡ଼ା ଏ ଜୀବନ ! ଧୂଆଁର ଜାଲରେ

ମାଛପରି ଛଟପଟ
ଭାଗ୍ୟର ଦୋଳିରେ ଝୁଲେ ଉଦାସିଆ ମନ

ସକାଳରୁ ସଂଜଯାଏଁ
ଧୂଆଁ ହିଁ ଧୂଆଁ । ଧୂଆଁ ହିଁ ଜୀବନ
ମୁଠାଏ ଧୂଆଁରେ ଜଳିପୋଡ଼ି
ଛାରଖାର ଶାଂତ ଉପବନ ॥

ଦେବୀ (୨)

ମଥାର କୁଂକୁମ ତୋର ବିଚିତ୍ର ରଂଗର !
ଦିନୁଦିନ ଦୃଶ୍ୟ ହୁଏ
ସଫେଦ ଆକାଶେ ॥

ସାକ୍ଷାତ୍‌ରେ ତୁ ଏକ ଦେବୀ ।
ଆପେଆପେ ଆସିଅଛୁ ଦ୍ୟାବା ପୃଥିବୀକୁ
କେଉଁ ଏକ ମଂଗଳ ଲଗ୍ନରେ ॥

ଖରା ବର୍ଷା ଶୀତ କାକରରେ
ଛନଛନ କଅଁଳ ସବୁଜ ସ୍ପର୍ଶ
ଝଡ଼ାଫୁଲ ମଂଦାର ମାଳରେ
ଶାଂତ କାନ୍ତ ଭୀଷଣ ଉଦାସ ॥

ଅପତ୍ୟ ସ୍ନେହରେ ବଂଧା ତୋର ବସୁଂଧରା
ନୀଳପଦ୍ମ ଆଖିରେ
ଜଳଢ଼ଳ ପ୍ରୀତିର ବଖରା ॥

ଅଦ୍‌ଭୁତ ଇଚ୍ଛାରେ ଚଳାଚଳ ତ୍ରିକାଳ
ଇଚ୍ଛାମୟୀ ମା'ଗୋ
ତୋ ଆଗ୍ୟାଂରେ ପୃଥ୍ୱୀ ଟଳମଳ ॥

ଚରୈବେତୀ ଚରୈବେତୀ, ବିଚିତ୍ର
ଶୃଂଗାର । ଶୃଂଗାରରେ ରସୋତ୍ତୀର୍ଣ୍ଣ
ତୋ ବର୍ଣ୍ଣ ପାଟଳ ॥

ଓଠ ମେଲିଦେଲେ ତୋର ମହମହ
ସୁବାସିତ ଚୁଆ ଓ ଚଂଦନ । ଓଠ
ବୁଜିଦେଲେ ପୁଣି ଛାଏଁଛାଏଁ ଖୋଲିଯାଏ
ପ୍ରସ୍ଫୁଟିତ ନୀଳ ପଦ୍ମବନ ॥

କେଉଁ ଯୁଗାବଧି ପୁରୁଷର ମଂତ୍ରୋଚ୍ଚାରେ
ସ୍ନାୟୁରେ କଂପନ । ତୋ ନାଭିରୁ ଗଂଗାର
ପ୍ଲାବନ । ସ୍ନେହ କରୁଣାର
ତିଳ ଚିହ୍ନ । ମା' ଗୋ, ପ୍ରେମରେ ତୁ
ଥରେ ମତେ କର ଆଲିଂଗନ ॥

ପ୍ରେମରେ ପଡ଼ିଯାଇଚି ଯେଉଁ ନାରୀର

॥୧॥

ପ୍ରେମରେ ପଡ଼ିଯାଇଚି ଯେଉଁ ନାରୀର
ସେ ନାରୀ ଦେବୀ ବେଶେ ଉଭା ମୋର
ହାତ ପାଆଂତାରେ । ସେ ନାରୀ ତ ତାରା ହୋଇ
ଦିକିଦିକି ଜଳୁଅଛି ନୀଳ ଆକାଶରେ । ଭସାଭସା
ବାଦଲରେ, ଦୁଃଖ ଆଉ ଅନୁଶୋଚନାରେ । ସେ ନାରୀ
ଯାଇଚି ଚାଲି ଏକମୁହାଁ ହୋଇ ଗୋଟାଏ ଜିଦିରେ ॥

ଗୋଟାଏ ଜିଦିରେ ନାରୀ ତିନିଗାର ଟପି
କୁଳ ଉଜାଡ଼ିଲା । ଗୋଟାଏ ଜିଦିରେ ନାରୀ
ସ୍ୱାମୀପୁତ୍ର ଛାଡ଼ି ପ୍ରେମରେ ପଡ଼ିଲା । ଗୋଟିଏ ଜିଦିରେ
ନାରୀ ରକ୍ତ ସମୁଦ୍ରରେ କେଶ ପଖାଳିଲା ।
ଗୋଟାଏ ଜିଦିରେ ନାରୀ ଗଳାରେ ଲଂବାଇ ଦେଲା
ଅପବାଦର ମାଳ ଓ ନିବିଡ଼
ଆଲିଂଗନରେ ବାଂଧି ରଖିଲା ଚିରକାଳ ॥

ପ୍ରେମରେ ପଡ଼ିଯାଇଚି ଯେଉଁ ନାରୀର
ସେ ନାରୀର ଗୋରା ମୁହଁ, ନୀଳ ଆଖି,
କ୍ଷୀରକଟୀ, ମୁକୁଳା କବରୀ, ଶଂଖ ଗ୍ରୀବା
ଶୁଭ୍ର ସ୍ତନ, ମୁଦ୍ରିତ ନୟନ । ସେ ନାରୀର
ମଧୁର ସ୍ପର୍ଶରେ ଉଲ୍ଲସିତ ପ୍ରତି ଅଂଗ

ସ୍ନାୟୁରେ କଂପନ । କବି ନିଜେ ସଂଜ୍ଞାହୀନ,
ଭିନ୍ନଭିନ୍ନ ମୁଦ୍ରାର ଭଂଗୀରେ ଭୟଭୀତ କାକୁସ୍ଥ ଜୀବନ ॥

କାକୁସ୍ଥ ଜୀବନେ କବି ସ୍ୱପ୍ନ ଦେଖେ ଏକାଏକା ସେ
ଦେବୀପରି ଉଭା ହୁଏ ଅକସ୍ମାତ୍ ଫୁଲ ଚାଙ୍ଗୁଡ଼ିରେ ରଖି
ତାର ତୋଫା ଗୋରା ମୁହଁ । ଫୁଲରେ ସଜାଡ଼େ ଗଭା
ସବୁ ଦୁଃଖ ପୋଛିଦେଇ ପଣତ କାନିରେ । କବି ତାକୁ
ଛୁଇଁବାକୁ ଚେଷ୍ଟା କରେ ହାତ ପାଏ ନାହିଁ । ମଂନ୍ଦୁରା
ମଂଦାର ପରି ଟହଟହ ହସୁଥାଏ ସେଇ ନାରୀ
କବି ହାତ ଜମା ପାଏ ନାହିଁ ॥

ପ୍ରେମରେ ପଡ଼ିଯାଇଚି ଯେଉଁ ନାରୀର
ସେ ନାରୀର ଛାଇ ମତେ ଭୂତପରି ଡରାଉଛି
ପ୍ରତି ମୁହୂର୍ତ୍ତରେ । ଓଲଟପାଲଟ କରି ବାରଂବାର
କଚାଡୁଛି ଅଦ୍‌ଭୁତ ଇଚ୍ଛାରେ । ହାତଗୋଡ଼ ପାଉ ନାହିଁ
ଶବ୍ଦଟିଏ ଆସୁ ନାହିଁ ଓଠର ଫାଂକରୁ । ବଂଚି ଥାଉଥାଉ
କେତେ ଅଘଟଣ ଘଟୁଅଛି ଦିନ ଯାଏ ସରି । ନିଶ୍ଚଳ
ନଦୀର କୂଳେ ଅବଶ ମୋ ଦେହ ଆତ୍ମା
ମୁଁ ଯେମିତି ଏକାକୀ ନାଉରୀ ॥

॥୨॥

ଦେବୀ ପରି ବେଳେବେଳେ ତମେ ଆସି ଉଭା ହୁଅ
ଫୁଲ ଚାଂଗୁଡ଼ିରେ ରଖି ତମ ଗୋରାମୁହଁ, ଫୁଲରେ
ସଜାଡ଼ି ଗଭା ନିଜ ଦୁଃଖ ନିଜେ ଭୁଲିଯାଅ ।
ମୁଁ ତୁମକୁ ଛୁଇଁବାକୁ ହାତ ମୋ ବଢ଼ାଏ
ହାତ ପାଏ ନାହିଁ । ଅଜଣା ପକ୍ଷିଣୀ ପରି ତମେ ଯାଅ
ଉଡ଼ିଉଡ଼ି ଦୁଃଖ ମୋ ସରେନି ॥

ଦୁଃଖର ଆଶ୍ଚର୍ଯ୍ୟ ଋତୁ ! ପ୍ରେମରେ ପଡ଼ିଲେ
ଥରେ ବୁଦ୍ଧି ହଜିଯାଏ । ନିଶାରେ ଉତ୍ତ୍ୟକ୍ତ ହେଲେ
ପାପପୁଣ୍ୟ ସବୁ ଭୁଲ୍‌ଭାଲ୍ ହୁଏ ॥

ଥଳ ନାହିଁ କୂଳ ନାହିଁ, ମୋ ଆଗରେ ଦିନୁଦିନୁ ଦିନ ଯାଏ ସରି
ଅକାତ ନଈ ସୁଅରେ ଦୁଃଖହିଁ ତ ଏକାକୀ ଭଗାରୀ ॥

ପ୍ରେମରେ ପଡ଼ିଯାଇଚି ଯେଉଁ ନାରୀର
ସେ ନାରୀ ତ ଉଭା ମୋର ପ୍ରତି
ନିଃଶ୍ୱାସରେ, ତାରା ହୋଇ ଦିକିଦିକି ଜଳୁଅଛି
ନୀଳ ଆକାଶରେ ॥

www.ingramcontent.com/pod-product-compliance
Lightning Source LLC
Chambersburg PA
CBHW010939120626
46554CB00008B/2530
9781998475803